Katharina Zimmer

DAS WICHTIGSTE JAHR

Das Buch zur Serie im ZEITmagazin

Das vorliegende Buch beschäftigt sich mit einem besonders wichtigen Zeitraum der Entwicklung eines Kindes: den ersten zwölf Lebensmonaten. Es knüpft – in der Schilderung der erstaunlichen Anpassungsleistungen des Kindes bei der Geburt und der späteren Bewegungs-, Wahrnehmungs-, Sozial- und Emotionalentfaltung – an die im ersten, bereits vorliegenden Band *Das Leben vor dem Leben* dargestellte vorgeburtliche Entwicklung an. Neue wissenschaftliche Forschungsergebnisse sind hier wie im ersten Band in Text, Bild und Illustration so zusammengetragen, daß sie auch für Laien verständlich sind.

Das wichtigste Jahr ist der zweite Teil eines in drei Bänden geplanten Atlas über die seelische und körperliche Entwicklung des Kindes. Teil drei wird sich mit den Zwei- bis Fünfjährigen beschäftigen. Wie in den vorliegenden Büchern soll ein Band zwischen verschiedenen Forschungsdisziplinen einerseits und dem Laien, vor allem den Eltern, andererseits geknüpft werden. Die von der Wissenschaft erst in den letzten Jahren erforschten Zusammenhänge zwischen Wahrnehmungs- und Bewegungsentwicklung und geistig-seelisch-sozialer Entfaltung werden dabei eine ihrer außerordentlichen Bedeutung entsprechende ausführliche Beachtung finden. Auch im letzten Band sollen die Texte durch Informationen aus Bild und Illustration ergänzt werden.

Katharina Zimmer

DAS WICHTIGSTE JAHR

Die seelische und körperliche Entwicklung im ersten Lebensjahr

Kösel-Verlag München

Kösel Sachbuch
Redaktion: Hermann Hemminger

CIP-Kurztitelaufnahme der Deutschen Bibliothek

Zimmer, Katharina:
Das wichtigste Jahr: d. seel. u. körperl.
Entwicklung im 1. Lebensjahr / Katharina Zimmer. –
München: Kösel, 1987.
(Kösel Sachbuch)
ISBN 3-466-11052-1

© 1987 Kösel-Verlag GmbH & Co., München
Alle Rechte vorbehalten
Layout und Umschlag: Dierk Arnold, Rausdorf
Satz: Utesch Satztechnik GmbH, Hamburg
Reproduktion, Druck und Bindung:
Kösel, Kempten
Printed in Germany
ISBN 3-466-11052-1

Für Nicolaus,
dessen Entwicklung wir
hier dargestellt haben.
Für Inge und J.-P.
mit Dank für ihre
Hilfe.

Dr. Inge Flehmig, Entwicklungsneurologin in Hamburg

»Schon wieder ein Buch über die Entwicklung des Kindes«, könnte man denken. Aber *Das wichtigste Jahr* ist ein ganz besonderes Buch.

Seit vielen Jahrzehnten werden Eltern Ratschläge erteilt, wie sie mit ihren Kindern umgehen sollten. Niemand hat jedoch bedacht, daß »Ratschläge geben« eine Erkenntnisebene ist, die kaum von den Eltern wahrgenommen werden kann. An der Flut der Bücher und Artikel über Kinder und deren Entwicklung gemessen, müßten wir wirklich im Jahrhundert des Kindes leben und müßte das Leben der Kinder auf Erden ein Paradies sein. Daß dem nicht so ist, können wir täglich erleben. Und darum ist gerade dieses besondere Buch sehr wichtig. Im einzelnen gibt es dafür mehrere Gründe:

Neben der Betrachtung des Kindes auf der Erscheinungsebene werden Verhalten und Lernen auch auf die Fundamente biologischer Reifungsvorgänge zurückgeführt und die Zusammenhänge zwischen genetisch programmierten Abläufen und Umwelt aufgezeigt. Den Eltern wird so ein Gefühl dafür vermittelt, daß sie, zum mindesten im ersten Lebensjahr, intuitiv geleitet mit ihren Kindern umgehen dürfen und sollen. Sie erfahren aber auch, daß dieses der Entwicklung ihres Kindes zum Vorteil gereicht. Mit anderen Worten: Sie sollen mehr Vertrauen zu sich selber haben.

Dies wird in eingehender Verarbeitung vorhandener Forschungsergebnisse internationaler Wissenschaftler untermauert, und zwar sowohl aus der Literatur als auch am Ort recherchiert durch ganz persönliche Gespräche.

Nachdem wir uns mit der Entwicklung des Kindes während der Schwangerschaft in Katharina Zimmers Buch *Das Leben vor dem Leben* vertraut machen konnten, lernen wir und damit auch die lesenden Eltern, welcher Bedingungen es bedarf, um so geboren zu werden, damit sich das Kind – zwar mit einer gewissen eigenen An-strengung, aber doch zufrieden – an die unwirtliche Außenwelt anpassen kann. Für die Eltern ist die Freude an ihrem Kind dann nicht nur Selbstzweck, sondern sie erfahren auch, daß diese Empfindung, dieses Erleben die Grundlage für die weitere Entwicklung des Kindes sind. Sie sind so in der Lage, dem Kind die Voraussetzungen zu geben, seine Möglichkeiten für eine freudvolle Kindheit auszuschöpfen, um für das Leben vorbereitet zu sein. Natürlich ist es dazu unerläßlich, daß die Gesellschaft ihre Verpflichtung wahrnimmt, eine solche Elternschaft möglich zu machen.

Die Autorin berichtet viele Einzelheiten, um zum Ganzen zu kommen. Dadurch wird das Wissen der Eltern nicht nur erweitert, sie erfahren auch, daß und wie sie sich in ihrem intuitiven Verhalten selbst trauen können, ohne sich durch mehr Information verunsichern zu lassen. Nicht nur das Neugeborene und sich entwickelnde Kind, sondern auch die Eltern sind kompetenter, als sie vermuten.

Dies ist auch ein Buch für Großeltern und Freunde. Sie erfahren, daß gutgemeinte Erziehungsratschläge manchmal Fehlentwicklungen bewirken können. Sie begreifen vielleicht, daß, wie so oft, ihre eigene Intuition dem Bedürfnis des Kindes viel mehr Hilfen gibt, als alle Ratschläge.

Für anerkannte Beratende wie Kinderärzte, Psychologen, Pädagogen und Therapeuten bietet dieses Buch wichtige Hinweise, das Wissen zu erweitern, um besser beraten zu können. Es läßt die Frage, wieviel wir wissen, offen für weitere Beobachtungen und Forschung.

Ein aufregendes, anregendes Buch, dem man eine große Verbreitung wünscht.

Lange hat man Neugeborene für passive, erlebnis- und handlungsunfähige Wesen gehalten. Medizinische und psychologische Forschungsarbeiten der letzten Jahre beweisen jedoch, daß diese Vorstellung überholt ist. Schon vom ersten Lebenstag an zeigen Babys erstaunliche Fähigkeiten, ihr Überleben zu sichern und zu gestalten. Der Übergang von der Welt im Mutterleib zur Welt draußen fordert von ihnen eine ungeheure Anpassung.

Für den berühmten Schweizer Intelligenzforscher Jean Piaget stand fest: Mit acht bis zwölf Monaten erst beginnen Babys, die Mimik ihrer Mutter zu imitieren. Eine griechische Psychologiestudentin, die für ihre Doktorarbeit sieben Wochen alte Kinder testete, besuchte Piaget und fragte ihn: »Erinnern Sie sich daran, was ich tue? Ich stecke Babys die Zunge heraus. Und wissen Sie, was die machen?« »Sagen Sie es«, murmelte Piaget. »Sie stecken mir als Antwort auch die Zunge heraus! Wie finden Sie das?« Der Professor mochte seine eigene Theorie überdenken, als er antwortete: »Ich finde das ganz schön unverschämt.« Noch unverschämter fände er es sicherlich, daß sogar wenige Tage alte Wickelkinder und sogar Neugeborene zu solch frechen Imitationen in der Lage sind. Neue Untersuchungen haben das erwiesen.

Die Geschichte ist exemplarisch. Forschungsergebnisse über die Fähigkeiten des kleinen Menschen am Beginn seines Lebens sind in den letzten Jahren immer wieder revidiert worden. Was gestern als verbürgt galt, ist heute in Frage gestellt, und was heute gesichert scheint, wird morgen, im Lichte wieder neuer Forschung, vielleicht zu ganz unerwarteten Schlußfolgerungen führen (Siehe auch Kasten Seite 20).

Beeindruckt von den neuen Erkenntnissen, die immer frühere Entwicklungsphasen – ja sogar bis ins vorgeburtliche Dasein hinein – erhellten, prägte der amerikanische Kinderarzt T. Berry Brazelton vor einigen Jahren den Begriff von der »Kompetenz des Neugeborenen«. Er meint damit alle die erstaunlichen Fähigkeiten, die das Kind vom ersten Tag an zeigt und mit denen es selber dazu beiträgt, sein *Überleben* zu sichern und sein *Leben* zu gestalten. Unser Buch wird sich mit diesen Fähigkeiten der Anpassung beim Übergang von der Welt im Mutterleib zur Welt draußen beschäftigen.

Diese Anpassung erfordert:
– erstens beachtliche körperliche Leistungen;
– zweitens erstaunliche Fähigkeiten der Wahrnehmung;
– drittens eine sehr sichere Begabung, Beziehungen zu anderen Menschen herzustellen und aufrechtzuerhalten.

Die Entdeckung dieser »Kompetenzen« und die Prägung dieses Begriffs durch Brazelton machten weltweit um so mehr Furore, als sie im Gegensatz zum meisten standen, was man bisher vom Neugeborenen und wenige Wochen alten Baby gehalten hatte: Dem Schreihals, Quakbüdel, Schietbüdel, dem kleinen Scheißerchen oder Stinkerle, wie es liebevoll, aber deutlich herablassend genannt wurde und wird, traute man offenbar nicht viel mehr zu, als daß er (oder sie) schreien, in die Windeln machen und natürlich auch Nahrung aufnehmen konnte.

Jahrhundertelang hatte man das Baby und besonders das eben zur Welt gekommene so gering geachtet, daß es in fast allen Zivilisationen erlaubt war, es auszusetzen, zu verkaufen, es verkommen zu lassen, ja sogar es zu töten. Nicht nur in exotischen Kulturen wie der präkolumbischen, wo Kindsopfer wie selbstverständlich zu den religiösen Ritualen gehörten. In Sparta ließ

Der amerikanische Kinderarzt T. Berry Brazelton sprach als einer der ersten von der »Kompetenz« des Neugeborenen. Ärzte früherer Zeiten hatten dem wenige Tage alten Baby noch keinerlei Fähigkeiten zugetraut.

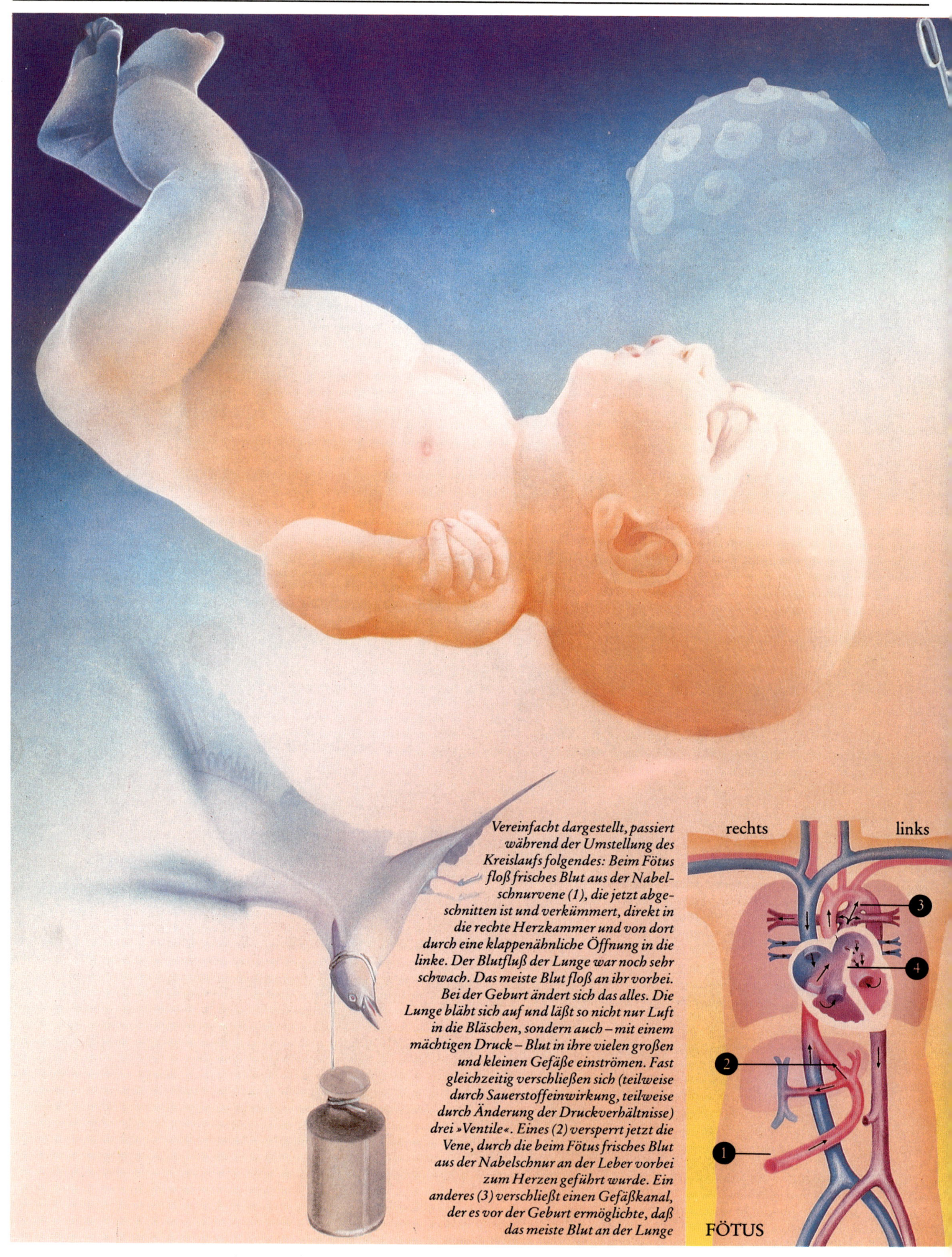

Vereinfacht dargestellt, passiert während der Umstellung des Kreislaufs folgendes: Beim Fötus floß frisches Blut aus der Nabelschnurvene (1), die jetzt abgeschnitten ist und verkümmert, direkt in die rechte Herzkammer und von dort durch eine klappenähnliche Öffnung in die linke. Der Blutfluß der Lunge war noch sehr schwach. Das meiste Blut floß an ihr vorbei. Bei der Geburt ändert sich das alles. Die Lunge bläht sich auf und läßt so nicht nur Luft in die Bläschen, sondern auch – mit einem mächtigen Druck – Blut in ihre vielen großen und kleinen Gefäße einströmen. Fast gleichzeitig verschließen sich (teilweise durch Sauerstoffeinwirkung, teilweise durch Änderung der Druckverhältnisse) drei »Ventile«. Eines (2) versperrt jetzt die Vene, durch die beim Fötus frisches Blut aus der Nabelschnur an der Leber vorbei zum Herzen geführt wurde. Ein anderes (3) verschließt einen Gefäßkanal, der es vor der Geburt ermöglichte, daß das meiste Blut an der Lunge

rechts　　　　links

FÖTUS

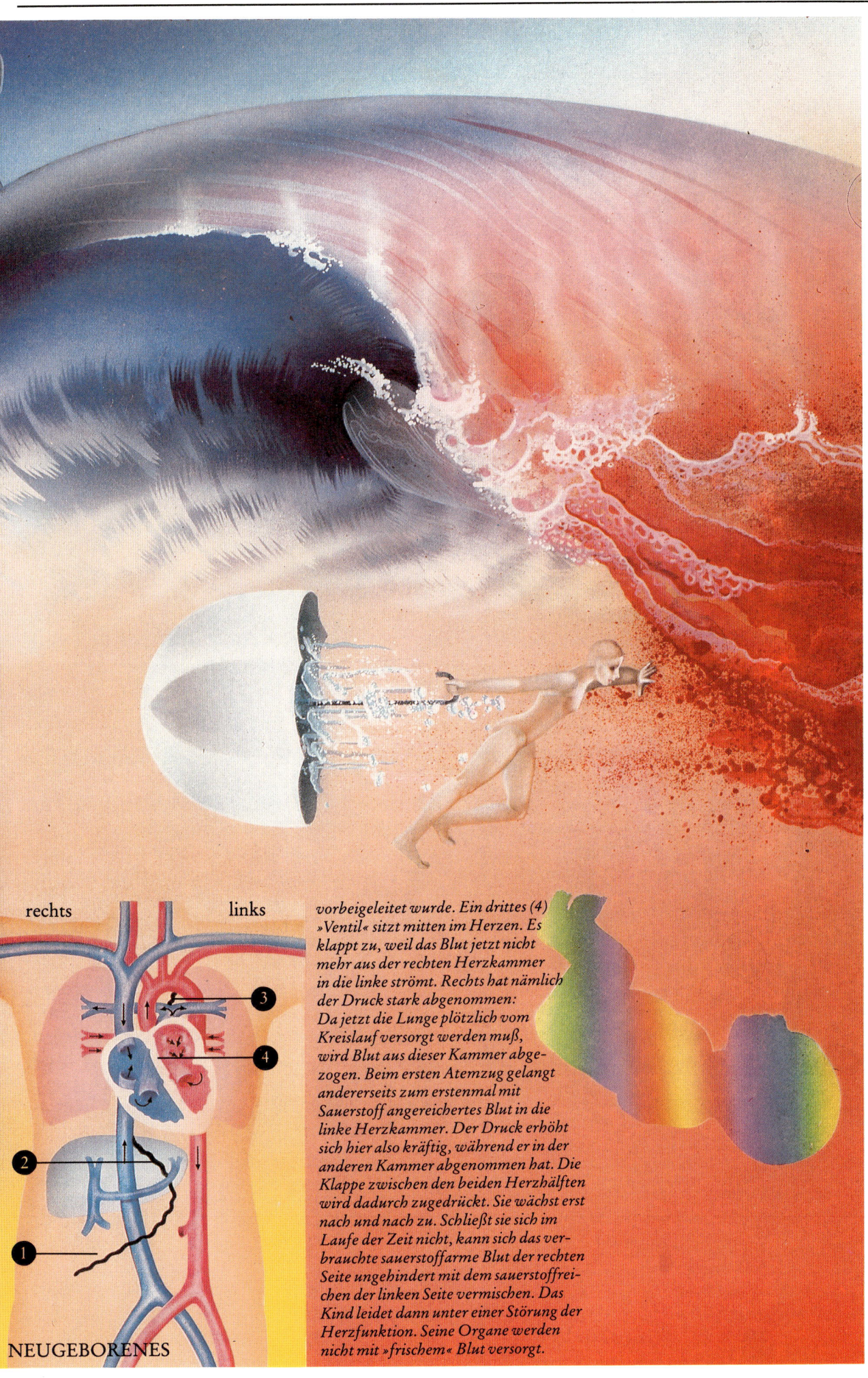

rechts   **links**

1

2

3

4

NEUGEBORENES

Ein Kind kommt zur Welt. Welche körperliche Schwerstarbeit es dabei bewältigen muß, hat die Zeichnerin in symbolischen Bildern verdeutlicht: Im Mutterleib lebt das Baby, fast schwebend, vom Fruchtwasser getragen und den Wänden des Uterus gestützt. Jetzt zerrt die Schwerkraft wie mit zahllosen Gewichten an seinen noch schwachen Gliedern. Seine gesamte Bewegungsentwicklung bis hin zum aufrechten Gang ist gekennzeichnet von der Auseinandersetzung mit der Kraft der Erdanziehung. Aber das Baby leistet noch viel mehr: Kaum auf der Welt, muß es sich aktiv um Nahrung kümmern. Mit dem ersten Atemzug bläht es seine Lungenbläschen auf wie Ballons; sie werden wasserundurchlässig. Gleichzeitig strömt sein Blut wie eine mächtige Welle gegen plötzlich verschlossene Pforten an: Der Blutfluß nimmt jetzt einen anderen Weg. Während dieser dramatischen Umstellung erlebt das bisher an die gleichmäßige Wärme im Mutterleib gewöhnte Baby einen Kälteschock. Es muß jetzt schnell seine Temperatur selber regeln.

vorbeigeleitet wurde. Ein drittes (4) »Ventil« sitzt mitten im Herzen. Es klappt zu, weil das Blut jetzt nicht mehr aus der rechten Herzkammer in die linke strömt. Rechts hat nämlich der Druck stark abgenommen: Da jetzt die Lunge plötzlich vom Kreislauf versorgt werden muß, wird Blut aus dieser Kammer abgezogen. Beim ersten Atemzug gelangt andererseits zum erstenmal mit Sauerstoff angereichertes Blut in die linke Herzkammer. Der Druck erhöht sich hier also kräftig, während er in der anderen Kammer abgenommen hat. Die Klappe zwischen den beiden Herzhälften wird dadurch zugedrückt. Sie wächst erst nach und nach zu. Schließt sie sich im Laufe der Zeit nicht, kann sich das verbrauchte sauerstoffarme Blut der rechten Seite ungehindert mit dem sauerstoffreichen der linken Seite vermischen. Das Kind leidet dann unter einer Störung der Herzfunktion. Seine Organe werden nicht mit »frischem« Blut versorgt.

Wir sollten mehr über das Neugeborene wissen, damit wir ihm besser helfen können, seine Anpassung an die Welt draußen zu bewältigen.

man nur gesunde und wohlgestaltete Neugeborene am Leben, die anderen wurden im Taygetos-Gebirge ausgesetzt. In Athen opferte man Kinder, um die Gunst der Götter zu erringen. Verlassene Säuglinge wurden zu Sklaven gemacht. Auch im alten Rom tötete man Neugeborene oder verkaufte sie als Sklaven, wenn es ihr Vater, dem sie nach der Geburt gezeigt werden mußten, verlangte. Erst unter Kaiser Justinian (527–565) gab es Bestrebungen, diese Praxis abzuschaffen. In arabischen Ländern verbot schließlich der Koran die Tötung unerwünschter Neugeborener (übrigens meist Mädchen). Das alte China duldete bis in die Neuzeit Kindestötung und den Verkauf von Kindern. Und im heutigen Volkschina ließ vor einiger Zeit die heimliche Tötung neugeborener Mädchen die alten, von Hunger und Elend diktierten Sitten wieder aufleben. Der Grund war allerdings ein anderer. Die vom Staat auferlegte Beschränkung auf ein Kind schien einigen Familien nur dann erträglich, wenn sie einen Sohn haben konnten.

Auch die Ärzte haben in den vergangenen Jahrhunderten nicht viel für die Allerjüngsten übrig gehabt. Da diese noch nicht auf die Fragen des Doktors antworten konnten, brauchten sie ihn auch noch nicht, meinte man. Babys waren Frauenangelegenheit. So hatten und haben auch die jeweiligen Sitten, wie man mit Neugeborenen umgeht, wenig mit medizinischen Erkenntnissen zu tun. Sie sind sozusagen Volksweisheiten und stimmen in allen Ländern ganz erstaunlich überein: Wie und wann man das Kind reinigt beziehungsweise badet, wie und womit man es einreibt, massiert, wie man es gleich nach der Geburt in warme Tücher hüllt. Und – merkwürdig – fast überall warnt man davor, das Neugeborene in den ersten Tagen der Mutter an die Brust zu legen und es die »Vormilch«, das sogenannte Kolostrum, trinken zu lassen, das man für schädlich hielt. Wir wissen heute, daß das Gegenteil der Fall ist.

Eine wirkliche Neugeborenenmedizin – die Neonatologie – gibt es erst seit einigen Jahren.

Während der Monate im Mutterleib hat sich das Kind auf die Geburt vorbereiten können: Es hat Saugen, Schlucken und Atembewegungen geübt.

Sie hat in einer kurzen Zeitspanne ungeheure Fortschritte in der Rettung und Behandlung kranker oder zu früh geborener Babys gemacht. Vor allem die neuen Techniken der intrauterinen Untersuchungen (Untersuchungen im Mutterleib) – Ultraschall zum Beispiel – erlauben es, Schwierigkeiten und Entwicklungsrückstände eines Kindes bereits vor der Geburt aufzuspüren und sie entweder sofort zu mildern oder alles für die Behandlung unmittelbar nach der Geburt vorzubereiten.

Weithin unbekannt jedoch ist noch immer das gesunde Neugeborene mit all seinen Fähigkeiten und Entwicklungsschritten. »Wir müssen noch fast alles lernen über die physiologischen Reaktionen der Neugeborenen, über die Vorbereitung dieser Abläufe bereits im Mutterleib und über ihre Verwirklichung zum Zeitpunkt der Geburt«, schreibt die französische Kinderärztin Marie Thirion in ihrem soeben erschienenen Buch »Les compétences du nouveau-né« (»Die Fähigkeiten des Neugeborenen«).[1] Das Wissen über das gesunde Baby der ersten Tage und Wochen sei von grundsätzlicher Bedeutung, meint sie, »um den kleinen Menschen besser zu verstehen, um ihn bei seiner Geburt besser in Empfang zu nehmen, ihm größere Chancen einzuräumen, seine Anpassung (an die äußere Welt) zu bewältigen, und schließlich, um die Beziehung zwischen ihm und den Erwachsenen so zu gestalten, daß sie seinen Lebenswillen stärkt.«

Um zu verstehen, was ein Kind bei seinem Eintritt in die äußere Welt erlebt, müssen wir den Geburtsvorgang ganz anders betrachten, als wir es gewohnt sind: nämlich nicht auf die Mutter konzentriert, auf ihre Atem- und Entspannungstechnik, ihren Bedarf an Schmerz- oder Wehenmitteln oder auch einfach nur an Zuspruch und fachmännischer Hilfe, sondern mit dem Blick auf das Kind. Dieses kommt keineswegs aus dem Nichts. Es hat sich neun Monate lang auf den Moment der Geburt vorbereiten können. Es hat bereits Atembewegungen, Schlucken, Saugen geübt, es hat sich – in den meisten Fällen – wahrscheinlich dank der Reifung seines Nervensystems und dank der Schwerkraft schon in der Mitte der Schwangerschaft oder auch erst in den letzten Wochen so gedreht, daß sein Kopf unten im Becken der Mutter liegt, in der besten Position, um den engen Geburtskanal zu passieren.

Trotz aller dieser Vorbereitungen sind die Geburt und die Zeit kurz danach nicht gefahrlos für das Kind. Das spiegelt sich in den Zahlen der perinatalen Sterblichkeit wider (perinatal = um die Geburt herum): Noch Anfang der sechziger Jahre betraf sie bei uns mehr als 25 Promille der Kinder, während sie mit der Verbesserung der Vorsorge und der Einführung der Perinatal- und der Neugeborenenmedizin heute auf sechs bis acht Promille gesunken ist.

Die größten Bedrohungen für das zur Welt kommende Baby sind Sauerstoffmangel während der Geburt (und damit schlechte Versorgung des empfindlichen Gehirns), ein plötzlich absinkender Blutzuckerspiegel, Unterkühlung und Infektionen. Alle diese Gefahren hängen letztlich mit einem Umstand zusammen, der den Menschen unter allen Säugern besonders verletzlich macht: Seine Unreife zum Zeitpunkt der Geburt. Genaugenommen ist der kleine Mensch, verglichen mit anderen Vertretern der sogenannten Mammalia, ein zu früh geborener Fötus mit einem besonders unreifen Gehirn. Der Harvard-Biologe Stephen Jay Gould drückt das so aus: »Wenn menschliche Babys geboren werden, leben sie noch fast ein Jahr lang als extrauterine Embryos.«[2]

Für diesen Umstand, der den »anderen Umständen« vorzeitig zu einem Ende verhilft, gab es zwei Gründe: Das evolutionäre Wachstum unseres Gehirns hat die Köpfe der Babys im Laufe der Zeit zu groß werden lassen. Blieben sie länger im Mutterleib, könnten sie den engen Geburtskanal nicht passieren. Hinzu kam, daß die Entwicklung zum aufrecht gehenden Wesen ein engeres Becken erforderlich machte. Denn mit schmaleren Hüften klappt die Gewichtsverlagerung von einem Bein auf das andere besser. Darum hat sich seit der breithüftigen, bereits aufrecht gehenden Hominidin Lucy der Körper der Frau verändert: Ihr Becken wurde nicht nur vergleichsweise schlanker, sondern bekam vor allem eine anders geformte Öffnung nach unten. Während diese bei Lucy eher oval war und der kindliche Kopf sie seitlich passieren mußte, ist sie bei der heutigen Frau eher rund. Der Kopf des Babys tritt zunächst auch seitlich in den langgestreckten Geburtskanal ein, kommt dann aber nach einer Drehung meist mit dem Hinterhaupt, das Gesicht nach hinten, ans Tageslicht. Danach macht der kleine Mensch wiederum eine Drehung, so daß nun eine Schulter vorn, die andere hinten liegt und der ganze Körper sozusagen seitlich geboren werden kann (siehe Abbildungen Seite 14/15). Trotz aller dieser Tricks muß das Menschenbaby immer noch etwa zwölf Monate zu früh zur Welt kommen. Es gibt noch ein Tierkind, das dieses Schicksal mit ihm teilt, und auch seine Mutter geht aufrecht: das Känguruh. Es verbringt einen großen Teil seiner embryonalen Entwicklung im Fellbeutel des Muttertieres, einem zweiten Uterus sozusagen, so wie der neugeborene Mensch in den Armen und an der Brust seiner Mutter. Daß er diese Geborgenheit im »sozialen Uterus« der Familie, wie es der Zoologe Adolf Portmann nennt, sofort vorfindet, ist um so wichtiger, als das Kind während und nach seiner »Austreibung« aus dem Mutterleib ungeheure Umstellungen und Belastungen aushalten muß. Die bedeutendsten sind folgende:

– Nach einem halbwegs schwerelosen Leben im Wasser zerrt die Schwerkraft wie mit zahllosen Gewichten an seinen Gliedmaßen. Seine zarte Haut ist einer quälenden Trockenheit und der Rauheit vieler Berührungen ausgesetzt.
– Der kleine Körper erlebt nach der gleichmäßigen Wärme des Mutterleibs nun einen Kälteschock. Er muß jetzt so etwas wie ein Thermostatsystem entwickeln, um die Körpertemperatur gleichmäßig zu erhalten, die alle seine Organe richtig funktionieren läßt.

Das Menschenbaby kommt wegen seines im Vergleich zu Säugetieren großen Kopfes etwa zwölf Monate zu früh auf die Welt. Es braucht darum noch lange den »sozialen Uterus« Familie.

Jede Körperzelle und vor allem die des empfindlichen Gehirns brauchen sofort nach der Geburt Sauerstoff, weil sie sonst zugrunde gehen.

– Mit dem Dasein ohne Durst und Hunger (weil der Fötus durch die Nabelschnur stets sattsam und seinen Bedürfnissen entsprechend ernährt wurde) ist plötzlich Schluß. Das Neugeborene muß jetzt sofort seine Nahrung selber suchen und fordern. Es verfügt über keinerlei Energiereserven, hat aber während des Geburtsvorgangs und unmittelbar danach besonders viel verbraucht.

– Und es muß plötzlich nach einem Leben, in dem nicht nur Nahrung, sondern auch Sauerstoff in seinem Blut immer ausreichend vorhanden waren, nun sofort nach Luft ringen. Jede seiner Körperzellen – und vor allem die des empfindlichen Gehirns – brauchen Sauerstoff, sonst gehen sie zugrunde.

Kein Wunder, daß es der erste Atemzug ist, der von allen, die bei einer Geburt dabei sind, so gespannt erwartet wird. Aber was so einfach aussieht, dieses erste Luftholen, ist in Wahrheit ein außerordentlich vielfältiges, ja sogar dramatisches Geschehen. Viele Vorgänge laufen fast gleichzeitig und minuziös aufeinander abgestimmt ab.

Zunächst: Anders als viele meinen, ist der erste Atemzug keineswegs immer von einem Schrei begleitet. Gelegentlich allerdings kommt es vor, daß ein Baby schon schreit, sobald es seinen Kopf ins Freie steckt, auch wenn der übrige Körper noch im Geburtskanal steckt. Meistens jedoch dauert es einige Sekunden nach der Geburt, bis Atembewegungen erkennbar sind. Man kann dann beobachten, wie die Nabelschnur pulsiert, ein Zeichen dafür, daß mütterlicher Sauerstoff weiterhin zum Kind gelangt. Es sieht noch ein wenig bläulich aus. Erst langsam wird es rosig und beginnt zunächst zögerlich, dann kräftiger, seinen Brustkorb zu heben und zu senken. Es dauert nicht lange, bis sich eine regelmäßige Atmung einstellt. Die zuerst bläuliche Farbe ist kein Grund zur Beunruhigung. Der Fötus im Mutterleib sieht so aus, weil er mit seinem Energieverbrauch sozusagen noch auf Sparflamme lebt. Er wird ja vom mütterlichen

Heutige Frau

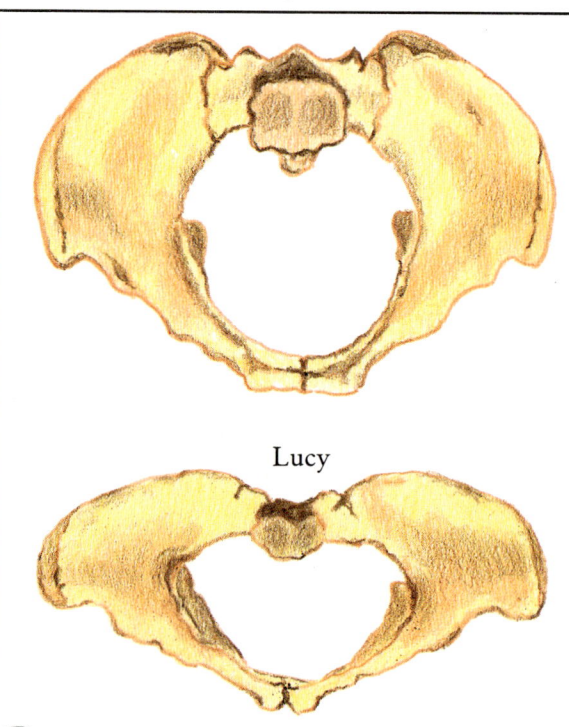

Lucy

Der schwierige Weg ins Freie

Im Laufe der Evolution werden mit dem Wachstum des menschlichen Gehirns die Köpfe der Babys immer größer. Es beginnt für sie zunehmend schwierig zu werden, den Geburtskanal zu passieren, der dem aufrechten Gang zuliebe enger wurde. Die Zeichnung zeigt einen Vergleich zwischen dem Geburtsverlauf heute (links) und vor rund drei Millionen Jahren. Das Becken unserer Vorfahrin Lucy war viel breiter, seine Öffnung nach unten oval, so daß der Kopf des Babys sie seitlich passieren mußte. Bei der Frau von heute ist das Becken schmal, die Öffnung eher rund. Der Kopf des Kindes tritt zunächst seitlich in den engen, langen Geburtskanal ein, kommt dann aber nach einer Drehung meist mit dem Hinterhaupt nach vorn ans Tageslicht. Danach macht das Baby eine weitere Drehung, so daß nun eine Schulter vorn, die andere hinten liegt.

Heutige Frau   Lucy

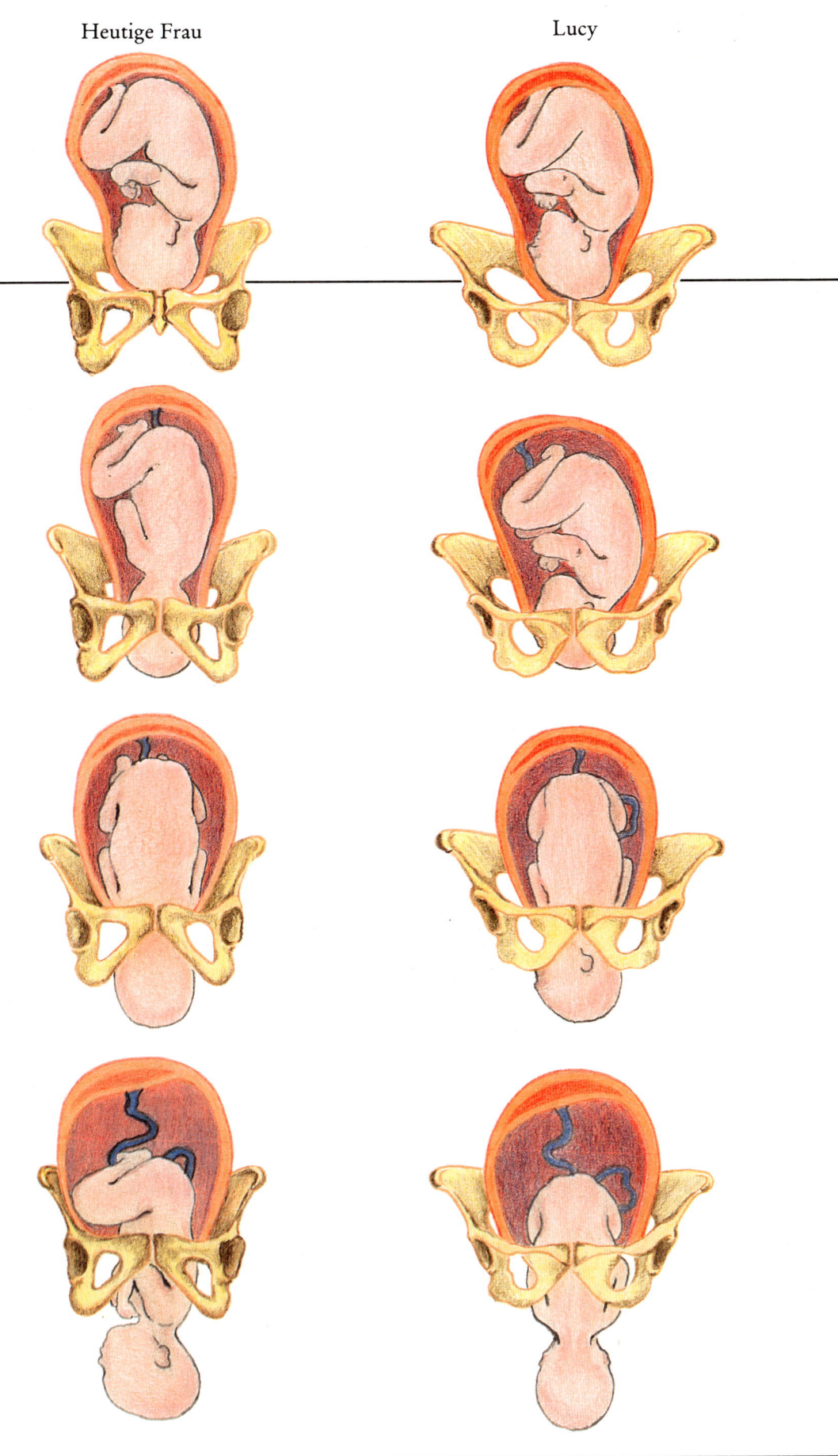

Lange vor der Geburt liegen die meisten Babys mit dem Kopf nach unten im Becken der Mutter. Während der Phase der »Austreibung« helfen sie aktiv durch Stoß- und Drehbewegungen mit, auf die Welt zu kommen.

Gewichts- und Größentabelle

Monat	Woche	weiblich	
		cm	kg
Geburt	0	50,2	3,40
	1	51,0	3,60
	2	51,8	3,80
	3	52,6	4,00
1	4	53,3	4,10
	5	54,1	4,30
	6	54,9	4,40
	7	55,7	4,60
	8		
2	9	56,4	4,80
	10	57,2	5,00
	11	58,0	5,20
	12	58,8	5,40
3	13	59,5	5,60
	14	60,0	5,70
	15	60,4	5,90
	16	60,9	6,00
4	17		
	18	61,4	6,10
	19	61,9	6,20
	20	62,4	6,30
	21	62,9	6,50
5	22	63,3	6,60
	23	63,8	6,80
	24	64,3	6,90
	25	64,8	7,10
6	26	65,2	7,30
	27	65,6	7,40
	28	66,0	7,50
	29	66,4	7,60
7	30	66,8	7,70
	31	67,2	7,80
	32	67,6	7,90
	33	68,0	8,00
8	34	68,4	8,20
	35	68,8	8,30
	36	69,2	8,50
	37	69,5	8,60
	38		
9	39	70,1	8,70
	40	70,4	8,80
	41	70,7	8,90
	42	71,0	9,00
10	43	71,4	9,10
	44	71,7	9,15
	45	72,0	9,20
	46	72,4	9,30
	47		
11	48	72,7	9,40
	49	73,1	9,50
	50	73,5	9,60
	51	73,8	9,70
12	52	74,2	9,75

Die hier angegebenen Gewichte stellen nur Mittelwerte dar. Wie in allen anderen Entwicklungsbereichen können sich Babys auch hier beträchtlich unterscheiden – je nach Größe, Skelettbeschaffenheit und natürlich auch nach Temperament und Appetit.

Körper gewärmt, und seine Lunge ebenso wie seine Verdauungsorgane haben noch nicht ihre Arbeit aufgenommen. »Bei einer normalen Geburt«, schreibt die Neonatologin Marie Thirion, »gibt es darum keinen Grund, das Kind in hektischer Eile zum Atmen zu bringen. Und es gibt keinen Grund, die pulsierende Nabelschnur sofort abzuklemmen. Das Herz des Kindes wird sich so nach und nach an seine neue Funktion gewöhnen.«[3] Die Frage, ob man die Nabelschnur sofort oder lieber etwas später abklemmen sollte, hat zu heftigen Diskussionen unter den Fachärzten geführt. Leo Stern (USA), Vorsitzender der Vereinigung amerikanischer Kinderärzte meint,[4] daß dies jeweils individuell vom Arzt entschieden werden müsse, warnt aber vor den Gefahren zu plötzlicher Abnabelung.

Ein erster kräftiger Atemzug – provoziert auch durch die plötzliche Ausdehnung des Brustkorbs nach der Befreiung aus der Enge des Geburtskanals – ist jedoch für das Neugeborene von unschätzbarem Wert. Welcher Reiz (Stimulus) ihn wirklich auslöst, ist noch nicht genau bekannt. Jedenfalls füllt er die Lungenflügel auf einen Schlag mit Luft wie einen Ballon. Dazu müssen vorher der Mund und die oberen Luftwege vom Fruchtwasser befreit werden. Normalerweise geschieht auch das schon beim Zusammenpressen des Brustkorbs während des Geburtsvorgangs: Sobald der Kopf des Babys herausguckt, kann man sehen, wie ihm das Wasser aus Mund und Nase fließt. Von dem Rest, der noch drinbleibt, entledigt es sich oft mit heftigem Niesen. Kaiserschnitt-Babys, die den massierenden Druck des Geburtskanals nicht erlebt haben, brauchen Hilfe vom Arzt: Er muß ihre oberen Atemwege absaugen (was in der Regel zur Sicherheit bei fast allen Babys geschieht).

Auch die Lunge ist zum Zeitpunkt der Geburt noch mit Flüssigkeit gefüllt. Diese hat zwei ganz besondere Funktionen: In dem Augenblick, in dem das Kind seinen ersten kräftigen Atemzug tut und Luft in die Lunge gelangt, wird diese Flüssigkeit durch die hauchfeinen Wände der

| männlich | | | |
kg	cm	Woche	Monat
3,40	50,6	0	Geburt
3,60	51,5	1	
3,80	52,3	2	
4,00	53,1	3	
4,20	54,0	4	1
4,40	54,8	5	
4,60	55,6	6	
4,80	56,4	7	
		8	
5,00	57,3	9	2
5,20	58,1	10	
5,36	58,9	11	
5,53	59,7	12	
5,72	60,4	13	3
5,87	60,9	14	
6,02	61,4	15	
6,17	61,9	16	
6,30	62,4	17	4
6,45	62,9	18	
6,60	63,4	19	
6,75	63,9	20	
		21	
6,90	64,4	22	5
7,05	64,9	23	
7,20	65,4	24	
7,40	65,9	25	
7,58	66,4	26	6
7,70	66,8	27	
7,82	67,2	28	
7,94	67,6	29	
8,08	68,0	30	7
8,20	68,4	31	
8,32	68,8	32	
8,44	69,2	33	
8,58	69,7	34	8
8,70	70,1	35	
8,82	70,5	36	
8,94	70,8	37	
		38	
9,07	71,2	39	9
9,15	71,5	40	
9,23	71,8	41	
9,31	72,3	42	
9,40	72,5	43	10
9,49	72,8	44	
9,58	73,1	45	
9,67	73,5	46	
		47	
9,75	73,8	48	11
9,82	74,1	49	
9,89	74,4	50	
9,98	74,7	51	
10,07	75,1	52	12

Lungenbläschen, der sogenannten Alveolen, gepreßt und gelangt in die Blutgefäße der Lunge. Dieser plötzliche und massive Zufluß trägt dazu bei, daß der Blutkreislauf der Lunge in Gang gesetzt wird. Die zweite, ebenso wichtige Funktion des fötalen Lungenwassers ist es, die Alveolen nach außen wasserundurchlässig und vor allem stabil zu machen, damit sie nicht nach jedem Atemzug wieder in sich zusammenfallen. Dies wird bewirkt durch eine bestimmte Substanz, den sogenannten »Surfactant-Faktor« (*Surface active agent* = oberflächenwirksame Substanz). Er kleidet die Lungenbläschen sozusagen mit einer verstärkenden Schicht aus. Von ihm ist buchstäblich das Leben eines Babys abhängig. Er ist auch ein Indikator für die Reife des Kindes. Frühgeborene haben den Surfactant-Faktor noch nicht in ausreichendem Maße. Die Atmung ist dann kaum aufrechtzuerhalten, weil die Lunge nach jedem Luftholen wieder in sich zusammenfällt. Diese »Frühchen« müssen (möglichst schon im Mutterleib) mit einem Mittel behandelt werden, das die Reifung der Lunge beschleunigt.

Der so einfach anmutende Atemzug des gesunden Babys bewirkt jedoch viel mehr als das Aufblähen der Atmungsorgane. Wie ein mächtiger Hebel hält er sozusagen ein Schwungrad kurz an und läßt es nun in entgegengesetzter Richtung laufen: Gemeint ist der Blutkreislauf im Herzen, der sich umkehrt, wenn das Kind zur Welt kommt. Ein gewaltiger Vorgang. Erstaunlich: Seit Jahrzehnten machen sich Psychologen Gedanken um das sogenannte Geburtstrauma, den Kampf des Kindes mit dem engen Geburtskanal, mit dem Ausgestoßen- oder Zurückgehaltenwerden und den späteren Folgen dieser frühen Erfahrung. Aber noch niemand hat sich bisher Gedanken darüber gemacht, wie der neugeborene kleine Erdenbürger das erlebt: dieses plötzliche Anfluten des Blutes gegen die nunmehr verschlossenen Gefäße der Nabelschnur. Und gegen die linke Seite der Trennwand im Herzen. Hier findet nämlich eine Art »Umpolung« des Blutflusses statt. Eine Erfahrung, die

Psychologen machen sich seit Jahrzehnten Gedanken um das sogenannte Geburtstrauma, den Kampf des Kindes mit dem engen Geburtskanal. Noch niemand hat jedoch darüber nachgedacht, was wohl das gerade geborene Baby bei der plötzlichen Umstellung seines Kreislaufs erlebt: Sicher eine heftige, überwältigende Erfahrung, auch wenn sie nicht bewußt erlebt wird.

Für das Überleben eines Kindes ist die Regulierung seiner Temperatur von ungeheurer Bedeutung: Seine Organe funktionieren nur bei einer gleichmäßigen Körperwärme um 37 Grad.

sicher heftig und überwältigend ist, auch wenn sie nicht bewußt erlebt wird *(siehe Abbildung Seite 10/11)*.

Alle diese Vorgänge zeigen, daß das Neugeborene sozusagen die Fähigkeit mit auf die Welt bringt, sich vom Leben im Wasser unverzüglich auf ein Leben in der Luft umzustellen: Eine Leistung nicht nur der Lunge und des Kreislaufs, sondern auch des Nervensystems. Da diese Umstellung zunächst das Lebenswichtigste ist, muß sich der Arzt sofort nach der Geburt davon überzeugen, wie gut sie gelungen ist. Die Ärztin Virginia Apgar entwickelte dafür ein weltweit benutztes Beurteilungsschema, den sogenannten »Apgar Score«. Er wird in jeden Mutterpaß eingetragen und gibt den später untersuchenden Ärzten Auskunft über die Chancen, die das Baby bei seinem Start ins Leben gehabt hat.

Begutachtet wird in der ersten, der fünften und der zehnten Minute nach der Geburt:
– die Hautfarbe,
– der Muskeltonus,
– die Fähigkeit des Kindes, spontan und auf bestimmte Reize zu reagieren,
– die Qualität seiner Atmung,
– die Herztätigkeit.

Jedes dieser Merkmale wird mit 0 bis 2 Punkten bewertet. Ist es gar nicht vorhanden, mit 0; ist es schwach vorhanden, mit 1; ist es normal, mit 2. Ein Baby, dem es nach der Geburt gut geht, erhält also neun bis zehn Punkte bei der ersten und wahrscheinich 10 bei der dritten Prüfung. Erreicht es bei diesen Untersuchungen weniger als sieben Punkte, braucht es dringend medizinische Hilfe.

Kinderärzte und Neonatologen wie Stern und Thirion warnen mit besonderem Nachdruck davor, in die von der Natur genau aufeinander abgestimmten Vorgänge einzugreifen, wenn alles in Ordnung ist. Die Kunst eines Geburtshelfers und einer Hebamme bestünde darin, ohne übertriebenen Tatendrang und ohne geschäftige Hektik einfach zusehen zu können, wie ein Baby sich in das Leben in der Luft hineinfindet.

Für einen solchen sanften Weg ins Leben gibt es viele Gründe, die sich mit den heutigen Erkenntnissen der Neugeborenenmedizin vielfach belegen lassen. Nicht nur die Sinne des Kindes können sich besser entfalten, nicht nur die unsichtbaren Bande, die es zur Mutter knüpft, nicht nur die Gefühle, die es bei ihr sozusagen »abruft«, bedürfen einer gewissen Ungestörtheit in ihrem natürlich vorgegebenen Ablauf, sondern eben auch, in engem Zusammenhang damit, die physiologischen Prozesse. Anders ausgedrückt: Maßnahmen, die bei einem bedrohten Baby lebensrettend sind, können bei einem gesunden Kind, unbedacht und voreilig angewandt, sogar zu einer Gefahr werden.

Die Natur hat viele Anpassungsmechanismen vorgesehen, die dem Neugeborenen helfen, in der ungeschützten Welt zu überleben. Vor ein paar Millionen Jahren, als sich diese Mechanismen entwickelten, sah die Welt anders aus als heute. Sie bot weniger Komfort und war gefährlicher. Die oberen Atemwege konnten nicht mit modernen Geräten abgesaugt werden. Außerdem kam ein Kind nicht in geheizten Räumen zur Welt. In der kalten zugigen Höhle, in der es vielleicht geboren wurde, nahm es die Mutter jedoch sogleich an ihren warmen Körper und hüllte es vielleicht in ein Tierfell.

Für das Überleben dieses kleinen Menschen war es von ungeheurer Bedeutung, daß er – und das ist seine dritte elementare Fähigkeit – seine Körpertemperatur gleichmäßig aufrechterhalten konnte, auch wenn es um ihn herum bitter kalt war. Darum verfügt der Mensch in den tieferen Hirnregionen, etwa im Bereich des sogenannten Hypothalamus, über eine Art zentralen Thermostaten. Dieser reagiert auf die Haut- und die Bluttemperatur und auf Signale aus dem Nervensystem. Und er sorgt dafür, daß die Körpertemperatur nicht um mehr als ein Grad von 37 Grad abweicht. Auch das Neugeborene braucht diese gleichmäßige Temperatur, damit alle seine Organe funktionieren. Wenn es nach der Geburt zu sehr auskühlt, bleibt ihm nur ein Mittel, um den

Energieumsatz zu erhöhen: Es muß seine Atmung beschleunigen. Diese Anstrengung verbraucht jedoch schon in wenigen Augenblicken alle seine Kraftreserven. Sein Blutzucker kann gefährlich absinken. Dadurch gerät sein Gehirn in Gefahr.

Der plötzliche Übergang aus einer 37 Grad warmen Umgebung in eine, die nur 21 bis 25 Grad mißt, wird vom Neugeborenen sicher als Schock empfunden. Um so mehr, als es naß zur Welt kommt. Es ist darum nicht nur wichtig, es zu wärmen – beispielsweise unter einer Wärmelampe oder besser mit einem Tuch über dem Rücken auf dem nackten Leib der Mutter –, sondern es auch abzutrocknen. Etwa zwei Tage lang nach der Geburt schwankt die Temperatur des Kindes zwischen 36,3 und 37,5 Grad. Vom dritten Lebenstag an kann es dann seine Temperatur selber regeln, so daß man sie nicht mehr zu überwachen braucht. Sein »Thermostat« funktioniert jetzt ganz unabhängig.

Die Wärme, die das Baby aufrechtzuerhalten versucht, muß jedoch erst einmal produziert werden. Das ist für das Neugeborene eine besondere Leistung. Ihm stehen weniger und andere Möglichkeiten zur Verfügung als dem älteren Kind und dem Erwachsenen. Wir können durch unsere Muskelarbeit, zum Beispiel Laufen oder Springen, Wärme erzeugen. Und wir können es, indem wir fröstelnd zittern. Unser Stoffwechsel produziert höhere Temperaturen, indem wir Zucker oder Fett verbrennen.

Alle diese Möglichkeiten hat das Neugeborene nicht oder nur unzureichend: Eine ziemlich neue Entdeckung ist, daß es noch nicht einmal frösteln kann. Es hat so gut wie gar keine Zucker- und Fettreserven. Aber es verfügt über eine ganz besondere Heizquelle, die auch einige Säugetiere während ihres Winterschlafs warm hält: Um den Hals, die Schultern, die Nieren und die Aorta (die große Schlagader) herum hat es ein Polster aus sogenanntem braunen Fettgewebe. Dieses kann bis zu fünf Prozent seines Körpergewichts ausmachen und scheint über einen besonderen

Energiestrom alle wichtigen Organe zu versorgen. In Gang gesetzt wird diese innere Heizanlage durch das vegetative Nervensystem, das bei Kälte den Befehl übermittelt: heizen. Frühgeborene verfügen noch nicht über dieses Wärmegewebe. Sie sind darum bei Unterkühlung sofort in Lebensgefahr.

Was wir heute noch nicht genau wissen, ist: Spielt der Kälteschock bei der Geburt eine wichtige Rolle, um die Wärmeregulation des Babys in Gang zu halten? Gibt es dafür eine sensible Phase (eine Lebenszeit, in der etwas besonders gut erworben oder gelernt wird)? Bei neugeborenen Mäusen zum Beispiel wird das Regulationssystem sofort angeregt, wenn man sie ins Kühle bringt. Sie werden dann relativ unempfindlich gegen Kälte. Hält man sie dagegen 48 Stunden lang warm und setzt sie dann geringeren Temperaturen aus, können sie ihren Regulationsmechanismus nicht mehr in Gang setzen und sterben. Wäre es also möglich, daß sich beim Menschen Ähnliches abspielt und es vielleicht gar nicht sinnvoll ist, ihn in den ersten zwei Tagen übermäßig warm zu halten? Züchten wir vielleicht damit ein Leben lang Verfrorene heran? Die Antworten auf diese Fragen stehen noch aus.[5]

Wenn wir begreifen, wie wichtig die Wärmeregulation für das eben zur Welt gekommene Kind ist, wenn wir uns klarmachen, wieviel Kalorien es dabei verbraucht und wieviel Energie es durch die gerade »in Betrieb« genommene Atmung – eine ungeheure Muskelarbeit – abbaut, dann verstehen wir, daß es sehr schnell Hunger haben muß und dringend Nahrung braucht. Die Natur überläßt nichts dem Zufall: Sie hat dafür gesorgt, daß das Neugeborene
– erstens mit dem süßen Fruchtwasser in seinem Magen den allerersten Zuckerbedarf seines Lebens »draußen« abdecken kann; und daß es
– zweitens die Fähigkeit zu saugen mit auf die Welt bringt.

Wichtig ist allerdings, daß es gleich, das heißt schon in den ersten Minuten oder Stunden nach der Geburt, Gelegenheit bekommt, dies auszu-

Die Natur überläßt nichts dem Zufall: Für den ersten Energiebedarf hat das Neugeborene noch einiges von dem süßen Fruchtwasser im Magen. Und da es schon vor der Geburt saugen gelernt hat, kann es sich sofort an der Mutterbrust selber versorgen.

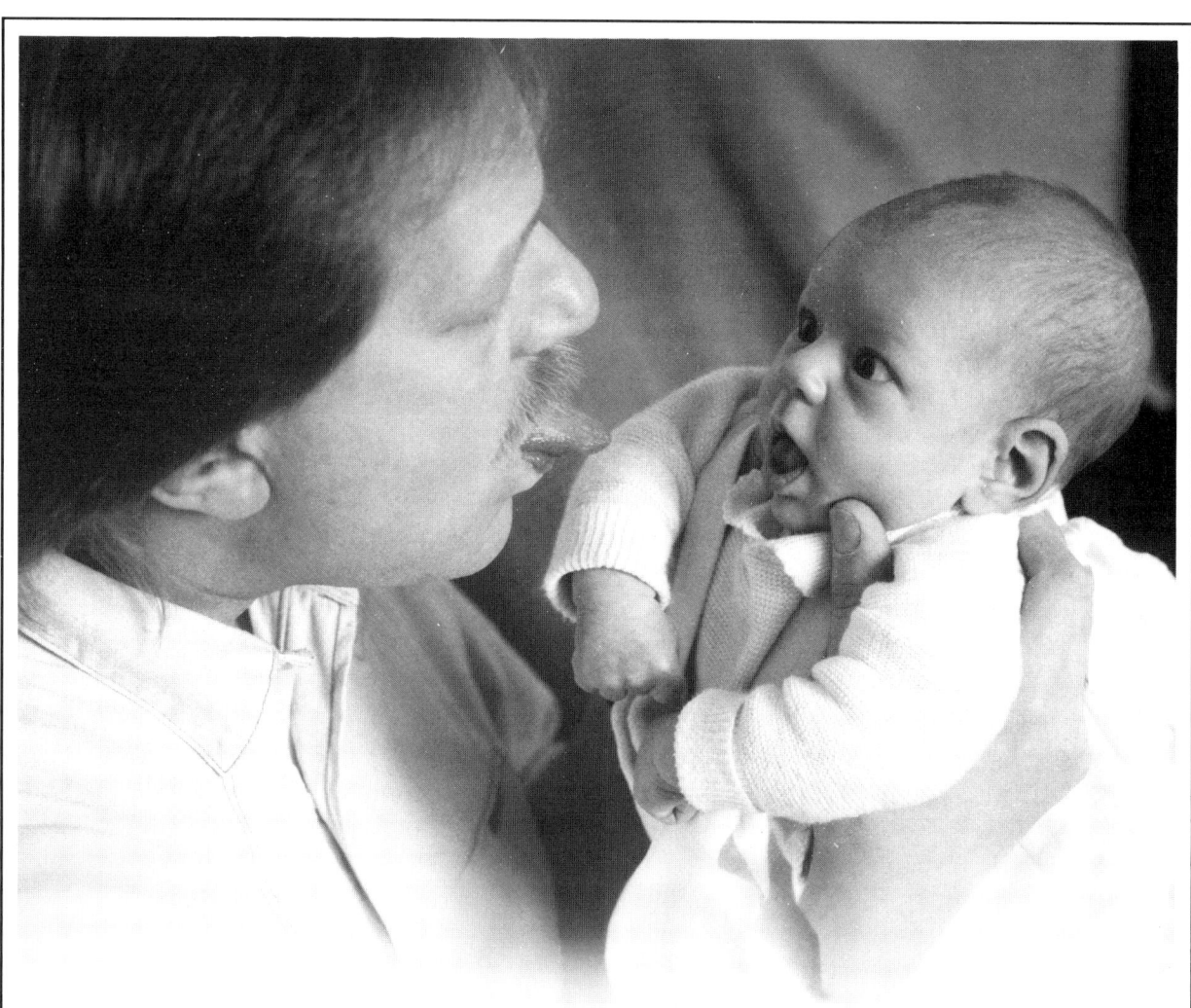

Was du kannst, kann ich auch

Die Frage, ob Neugeborene wirklich in der La- ge sind, zu imitieren, hat Wissenschaftler zu zahlreichen Untersuchungen veranlaßt. Die Ergebnisse sind widersprüchlich: Was die einen als Nachahmung betrachten, wird von den an- deren als mehr oder weniger zufälliges Spontan- verhalten interpretiert. Imitierende Verhal- tensweisen, wie sie hier der zehn Tage alte Nico- laus zeigt, sind jedenfalls in einer Reihe von Beobachtungen nachgewiesen worden. Aber auch wenn sie nicht zufällig sind, bleibt noch ungeklärt, ob sie nur ein ähnliches Verhalten darbieten – also eine Pseudoimitation – oder echte Imitationsversuche sind. Fest steht, daß Imitation ein für die Entwicklung sinnvolles Verhalten ist: Es bringt das Kind nicht nur in vielen Fähigkeiten weiter, es veranlaßt auch die Eltern, sich ihrem Baby mit mehr Interesse und mehr Wärme zuzuwenden.

probieren. In diesem Zeitraum ist es offenbar am leichtesten für das Kind zu lernen, wie es die mütterliche Brust findet und wie es mit ihr umgehen muß. Sein Gehirn speichert sofort jeden gelungenen Versuch: Um so besser werden ihm der nächste und jeder weitere gelingen.

Wird diese erste Erfahrung über sechs oder sogar zwölf oder 24 Stunden hinausgezögert, geht alles nicht mehr so leicht vonstatten. Das Kind scheint nun nicht mehr so geschickt zu sein. Erst 48 Stunden nach der Geburt ist es wieder in der Lage, so gut wie am Anfang mit dem Saugen zurechtzukommen. Die allererste Lebenszeit ist also mit Sicherheit eine sensible Phase für das Erlernen des Trinkens. Dies ist nicht so einfach, wie wir denken. Drei Aktivitäten müssen nämlich miteinander in Einklang gebracht werden: Saugen, Schlucken, Atmen.

Diese sich sogleich entfaltende Fähigkeit des Kindes trifft, wiederum sinnvoll, mit der Bereitschaft des mütterlichen Organismus zusammen, unverzüglich Nahrung bereitzuhalten: die sogenannte Vormilch, das Kolostrum. Anders als es die Volksmeinung verbreitet, ist sie nicht nur der beste Schutz gegen Infektionen, sondern eine besonders hochwertige Nahrung. Sie enthält Zucker, Proteine, Lipide (Fettkörper) und Mineralsalze, die besonders wichtig sind, damit das Kind nicht austrocknet. Das Kolostrum gleicht in seiner hohen Konzentration dieser Nährstoffe eher einer Kraftbrühe als irgendeiner Tiermilch. Es ist genau auf die Bedürfnisse des Kindes unmittelbar nach der Geburt abgestimmt. Im Laufe der ersten Lebenstage und später paßt sich die menschliche Muttermilch in ihrer Zusammensetzung genau an den sich verändernden Bedarf des Kindes an. Da es seine Nahrung in der engen Beziehung zu seiner Mutter findet, verlangt es ihr gleichzeitig die ebenfalls lebensnotwendige hautnahe Zuwendung ab und regt sie an, immer mehr Milch bereitzuhalten. Das Handeln, das Verhalten des erst wenige Stunden oder Tage alten Babys ist, wie man erst seit kurzem weiß, ausschlaggebend für sein Überleben.

Wir haben gute Gründe, so scheint es, uns mit den erstaunlichen Fähigkeiten, mit der »Lebenskompetenz«, des gesunden Neugeborenen vertraut zu machen. Denn die Euphorie über die neuen Möglichkeiten lebensrettender medizinischer Maßnahmen ließ Ärzte wie Laien in den letzten Jahrzehnten leicht übersehen, was in alten Traditionen sorgsam gepflegt wurde: die Tatsache, daß die Geburt eines Menschen nicht nur ein gefahrvoller, sondern auch von der Natur zwischen Kind und Mutter besonders fein und sinnvoll regulierter Ablauf ist. Die moderne Wissenschaft vom Neugeborenen lehrt uns, die Anpassungsanstrengungen des gerade das Licht der Welt entdeckenden Kindes zu respektieren und besser zu ermöglichen. Und sei es nur dadurch, daß wir nicht zuviel tun und vor allem nicht stören.

Neugeborene stecken voller Überraschungen, wenn sie sich natürlich entfalten können. Das zeigen uns ihre elementaren Fähigkeiten, die Welt zu erobern: mit erstaunlichen Überlebensstrategien und mehr noch, wie wir im nächsten Kapitel sehen werden, mit hellwachen Sinnen.

Das Neugeborene muß beim Trinken drei Fähigkeiten miteinander in Einklang bringen: Saugen, Schlucken, Atmen. Am besten lernt es trinken, wenn es schon in den ersten Stunden nach der Geburt »üben« darf.

Alle Sinne eines Kindes sind bei der Geburt hellwach: Es hat bereits im Mutterleib seinen Gleichgewichts- und Tastsinn üben können. Es bringt aus dieser Zeit sogar Hör-Erinnerungen mit auf die Welt. Und es kann sehen. Gleich in den ersten Stunden des Eintritts in die Welt der Luft, des Lichts, der lauten Geräusche und rauhen Berührungen beginnt es eifrig, all die verwirrenden Informationen, die ihm seine Sinne übermitteln, miteinander zu verknüpfen.

Katie, 45 Stunden alt, läßt schlaff die Arme hängen, schließt die Augen und beginnt, tief und regelmäßig zu atmen. Unmißverständlich signalisiert sie: Ich hab' genug, laßt mich in Ruhe. Kein Wunder, das 50 Zentimeter kleine und sechs Pfund schwere Mädchen hat soeben eine erstaunliche Leistung vollbracht. Es hat aus drei Kindergeschichten, die ihm auf Tonband vorgespielt wurden, eine ausgewählt, die es lieber hören wollte als die anderen. Ist Katie ein Wunderkind? Ganz und gar nicht. Sie ist eins von 16 Neugeborenen, die im Psychologischen Institut der Universität von North Carolina (USA) an einem wissenschaftlichen Test teilnahmen. Untersucht wurde die Fähigkeit der Kinder, die Stimme der Mutter ebenso wie einen von ihr während der letzten Wochen der Schwangerschaft mehrfach laut vorgelesenen Text wiederzuerkennen und von anderen Stimmen und Texten zu unterscheiden.

Da man ein Neugeborenes nicht fragen kann, benutzte Anthony J. DeCasper[6], der diese Untersuchungen leitete, einen eigens für diesen Test konstruierten Sauger: Er ist über einen Schalter mit einem Tonbandgerät verbunden. Das Baby kann mit einem unterschiedlichen Saugrhythmus wahlweise drei verschiedene, etwa gleich lange Texte anschalten.

Es zeigte sich, daß die bereits aus der Fötalzeit »bekannte« Geschichte von den Babys bevorzugt wurde und auch größere Aufmerksamkeit hervorrief. Eine Kontrollgruppe von zwölf Neugeborenen, denen die Mutter während der Schwangerschaft keine Geschichte vorgesprochen hatte, zeigte dagegen keinerlei Vorliebe für einen der angebotenen Texte.

Ein ähnlicher Versuch mit unterschiedlichen Stimmen erwies außerdem, daß die Kinder die Stimme der Mutter nicht nur am besten wiedererkennen, sondern sie auch der des Vaters und anderen Männerstimmen vorziehen.

Ein Kind, das eben zur Welt gekommen ist, kann also hören. Aber nicht nur das, es kann mit dem Gehörten etwas Sinnvolles anfangen. Es kann sich erinnern, und es kann eine Wahl treffen. Denn daß es die Stimme der Mutter wiedererkennt, ist sinnvoll, damit es eine Bindung zu ihr herstellen kann, und damit wichtig für sein Überleben. Die Kompetenz des Neugeborenen besteht also nicht nur darin, daß seine Sinne funktionieren, sondern daß es sie ordnend einsetzen kann. Dies wiederum zeigt, daß es bereits lernfähig ist, lernfähiger vielleicht, als es jemals wieder sein wird.

Lernen heißt zunächst nichts anderes, als sich an einen Reiz zu gewöhnen und dann zu reagieren, wenn plötzlich eine Änderung eintritt. Daß ein Kind dies nicht übergangslos erst vom Zeitpunkt der Geburt an kann, sondern sich schon vorher darauf vorbereitet, zeigt eine noch nicht abgeschlossene Untersuchung an der Geburtshilfeabteilung der Pariser Klinik Baudelocque. Die Psychologen Marie-Claire Busnel und Jean-Pierre Lecanuet[7] stellten fest, daß Föten in den letzten Entwicklungswochen auf laut vorgesprochene abgewechselte Silbenfolgen mit einer Änderung des Herzrhythmus und mit Augenbewe-

Bereits Neugeborene haben Vorlieben für Stimmen und verschiedene Arten von Musik. Sie bevorzugen das ihnen aus der Zeit im Uterus Vertraute.

Lernen bedeutet zunächst nichts anderes als sich an einen Reiz zu gewöhnen – ein Geräusch, eine Tonfolge, eine Silbenfolge – und auf eine Änderung dieses Reizes zu reagieren.

gungen reagieren. Diese lassen sich ebenso wie andere Reaktionen auf Geräusche gut mit Ultraschall beobachten. Der Silbenversuch läuft folgendermaßen ab: Dem ungeborenen Kind wird von einem Tonband eine Zeitlang die Silbenfolge »bi-ba« überspielt (dazu ist über dem Mutterleib ein Lautsprecher angebracht). Plötzlich wechselt die Abfolge jedoch in »ba-bi«. Das Baby reagiert häufig mit erhöhter Aufmerksamkeit. Sie läßt sich ebenso wie beim Neugeborenen an einer Verlangsamung (selten Beschleunigung) des Herzrhythmus beobachten.

Nach einigen Wechseln zwischen den Silbenfolgen scheint das Kind sich so daran gewöhnt zu haben, daß es nicht mehr reagiert. Habituation, Gewöhnung, nennen das die Fachleute. Jetzt müßte wieder ein ganz unbekannter Reiz eingesetzt werden, um das mittlerweile gelangweilte Baby zu interessieren.

Alle diese Untersuchungen dienen nicht der bloßen Neugier oder etwa dem Bemühen, Babys noch früher zum Lernen zu bringen. Sie sollen vielmehr helfen, Rückschlüsse auf das Allgemeinbefinden und den Entwicklungsstand des ungeborenen oder geborenen Kindes zu ziehen. Sie erlauben uns, es besser zu verstehen und seine Bedürfnisse besser zu befriedigen. Darüber hinaus helfen sie auch herauszufinden, welche Reize und welches Ausmaß an Reizen dem Kind nützen oder schaden.

Das Neugeborene verfügt jedenfalls – auch ohne technische Hilfsmittel wie den beschriebenen Sauger – bereits über Signale, sein Wohlbehagen oder sein Mißfallen kundzutun. Grelles Licht zum Beispiel ist ein Reiz, den das Kind nicht verträgt und auf den es unmißverständlich reagiert: Es kneift die Augen zu. Da die meisten Babys in einem fast brutal hellen Licht zur Welt kommen und davon geblendet sind, denken viele Leute, sie können nicht sehen.

In Wahrheit kommen viele Kinder mit weit geöffneten Augen zur Welt. Das heißt aber nicht, daß sie diese Welt ebenso wahrnehmen wie wir. Denn: Erstens sind die Nervenbahnen

vom Auge zum Gehirn noch nicht ausgereift, und zweitens verfügen die Babys über keinerlei Erfahrung, das ihrem Blick Dargebotene einzuordnen oder zu interpretieren. Das Sehen, soviel steht fest, ist der bei der Geburt noch unreifste Sinn. Im Mutterleib ist er zwar schon zwei Monate funktionsfähig, bleibt jedoch wegen der Enge auf die Wahrnehmung von hell und dunkel beschränkt.

Nichts jedoch scheint das Kind vom ersten Augen-Blick an schneller zu lernen als das Sehen. Meistens entdeckt es zuerst, vielleicht auch noch nicht einmal abgenabelt, auf dem Bauch der Mutter liegend, das ihm zugewandte Gesicht. Viele Babys scheinen es mit angestrengter Aufmerksamkeit zu erkunden: mit weit geöffneten glänzenden Augen.

Dieser erste Blick übt auf die Mutter eine solche Faszination aus, daß er, weit über die bewußt erlebte Rührung hinaus, eine ganze Reihe von physiologischen und psychischen Abläufen in Gang setzt, die alle das Ziel haben, das Überleben des Kindes zu sichern. Wach für alle Signale des kleinen hilflosen Wesens, beginnt die Mutter es zu streicheln, zu wärmen, mit ihm zu sprechen. Ihr »Hormonhaushalt« bekommt den Befehl, Milch bereitzustellen.

Das Kind jedoch, das alles dies auslöst, was sieht es denn nun wirklich? Tatsächlich sieht es das Gesicht der Mutter. Es ist genau in dem Abstand, etwa 20 Zentimeter, in dem Neugeborene am besten sehen können: Sie sind noch nicht in der Lage, ihre Augen auf Nähe und Ferne einzustellen, und sie sehen 20- bis 30mal unschärfer als wir. Auch ihr Farbunterscheidungsvermögen ist nicht voll entwickelt.

Zunächst tastet ihr Blick alles ab, was ihnen irgendwelche Information bietet. Sie treffen also wie beim Hören eine sinnvolle Auswahl aus dem sich darbietenden Chaos. Am meisten Information bietet zuallererst ein Umriß, die Begrenzung eines Objekts. Das Kind gleitet mit seinen Augen also zunächst am Rand des mütterlichen Gesichts entlang, der Kontrast zwischen der hel-

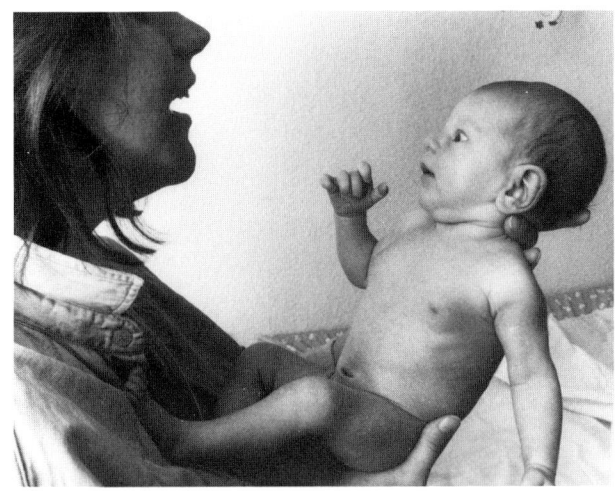

len Haut und dem dunkleren Haar zum Beispiel bietet ihm einen Anhalt bei seiner Erkundung *(siehe auch Abbildung Seite 30).* Die Natur hat das Kind also offensichtlich mit einem ganz eindeutigen Programm an Vorlieben ausgestattet.

Daß es dabei wirklich etwas sieht, läßt sich an eben diesen Vorlieben auf einfache Weise demonstrieren. Man kann dem Neugeborenen (vorausgesetzt, daß sein Allgemeinzustand eine gewisse Aufmerksamkeit zuläßt) kurz nach der Geburt verschiedene Tafeln vor die Augen halten: eine zum Beispiel mit einer einfarbigen Fläche, eine andere mit zwei hell und dunkel voneinander abgesetzten Feldern, wieder eine andere mit einem schachbrettartigen Muster. Das Baby wird eine Vorliebe für das Schachbrett zeigen und seinen Blick am längsten auf diese Tafel richten. Noch mehr Interesse erwecken im Gegensatz zu den geometrisch-einfachen komplexe, unregelmäßig kontrastierte Objekte.

Unschlagbar im Wettbewerb um die Aufmerksamkeit des Neugeborenen ist jedoch das menschliche Gesicht. Wenn es ihm voll zugewandt und möglichst auch noch bewegt wird, kann sich der neue Erdenbürger daran nicht satt sehen. Er vermag einer neueren amerikanischen Untersuchung zufolge sogar schon zwischen fröhlichen, traurigen und überraschten Gesichtern zu unterscheiden. Und er öffnet meist selber »überrascht« weit Augen und Mund, wenn er in ein fröhliches oder trauriges Gesicht blickt.

Das innere – genetische – Programm scheint ihn geradezu anzutreiben, immer mehr für sein Dasein wichtige Auskünfte und Erfahrungen zu sammeln: »Ich glaube, daß das Kind nicht einfach mit fertigen ›Modellen‹ zur Welt kommt, sondern mit einer Strategie, wie es sich Informationen beschaffen kann«, erklärt der amerikanische Entwicklungspsychologe Marshall Haith vom Psychologischen Institut Denver.

Allerdings: Dieses von der Natur vorgegebene Entwicklungsprogramm funktioniert nur, wenn das Angebot an Information reichhaltig genug ist. Mit anderen Worten: Wie alle Sinne braucht

Erstaunlich, welche Aufmerksamkeit schon Neugeborene zeigen, wenn sie, gut im Rücken, Nacken und Rumpf abgestützt, aufrecht gehalten werden. Die primitiven Reflexe sind in diesem Zustand optimalen Gleichgewichts ausgeschaltet. Das Baby schaut die Mutter an. Ihr Gesicht war schon lange vor der Erfindung des Spiegels der biologische Spiegel für ein Kind. Die Übereinstimmung der Mimik hilft ihm, die Folgen des eigenen Verhaltens nach und nach vorhersehen zu können. Wenn es mit Hilfe der Mutter sein inneres und äußeres Gleichgewicht gefunden hat, wach und satt ist, wendet es sich schon bald nach der Geburt – und mehr noch in den folgenden Wochen – jedem überraschenden Gegenstand zu.

Das Baby scheint das Gesicht der Mutter aufmerksam mit weitgeöffneten Augen zu erkunden. Der erste Blick nach der Geburt übt auf die Mutter eine solche Faszination aus, daß er, weit über die bewußt erlebte Rührung hinaus, bei ihr eine ganze Reihe von seelischen und körperlichen Abläufen in Gang setzt, die alle das Ziel haben, das Überleben des Kindes zu sichern.

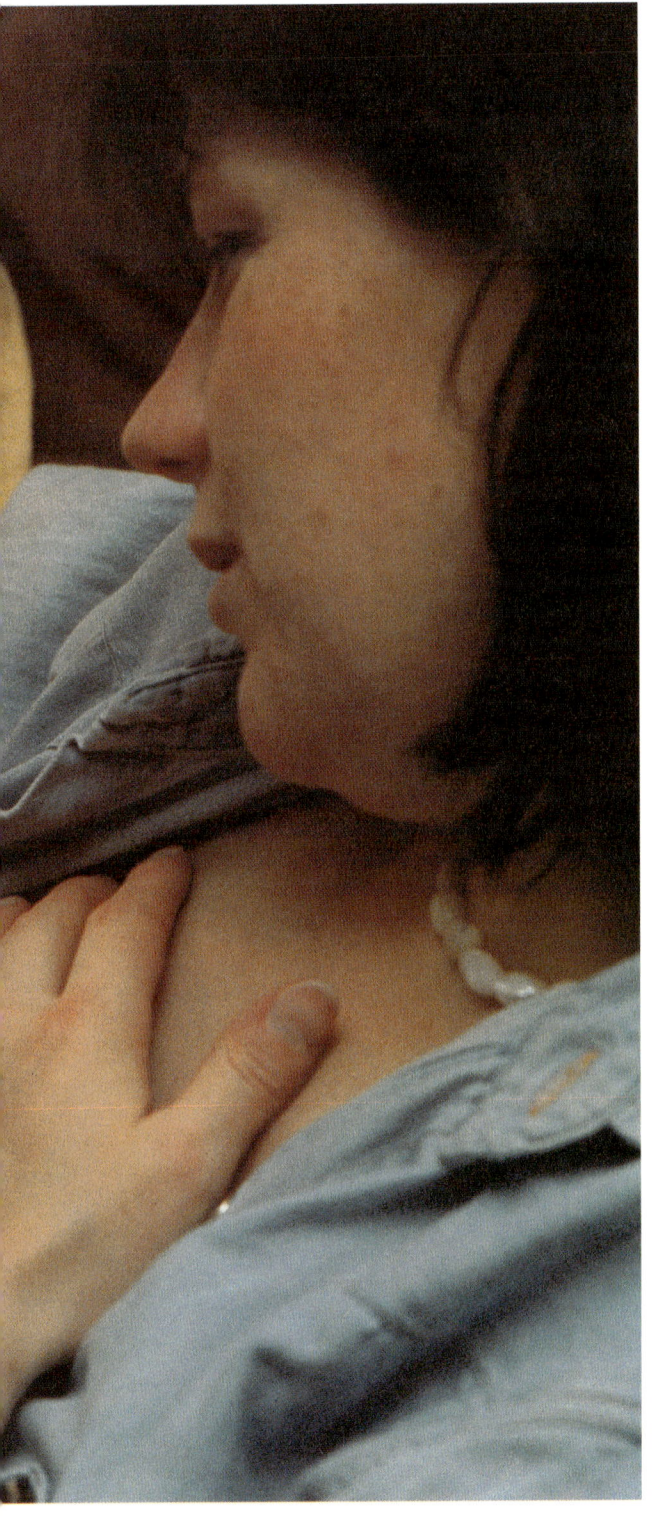

auch das Sehen von der ersten Lebensminute an Anregung, braucht ständige Reize, um sich entfalten zu können. Hier läßt sich besonders gut beweisen, daß es sensible Phasen in der Entwicklung gibt. Werden sie nicht genutzt, verfallen sogar die anfänglich vorhandenen Fähigkeiten, verarmen die Hirnstrukturen, statt angereichert zu werden. Dieser Vorgang ist beim Sehen nicht mehr umkehrbar. Mangel an Anregung richtet also nicht wiedergutzumachende Schäden an.

Eine 1978 an der Universität von Bordeaux vorgelegte Doktorarbeit demonstriert dies an einem kuriosen Beispiel: Die Autorin, Geraldine Drapeau-Duho, beschäftigt sich mit Unterschieden im räumlichen Sehen bei jungen Togolesen und Franzosen. Die letzteren zeigten sich darin eindeutig überlegen. Als die Wissenschaftlerin nach einem Grund suchte, stieß sie auf einen ganz banalen Sachverhalt: Die Frauen in Togo tragen ihre Kinder in den ersten Lebensmonaten auf dem Rücken. Das Gesichtsfeld des Babys ist dadurch nicht nur eingeschränkt, sie sehen auch – ob rechts oder links am mütterlichen Rücken vorbei – immer nur mit einem Auge.

Geraldine Drapeau-Duho verglich diese Kinder mit anderen afrikanischen, z.B. mit Babys der Bamileke aus Kamerun. Sie zeigten nicht die räumliche Sehschwäche. Die Forscherin erfuhr: Die Mütter der Bamileke tragen ihre Kinder nicht auf dem Rücken, sondern auf der Hüfte. Der Blick ist also für beide Augen frei.

Die Fähigkeit, mit beiden Augen koordiniert »stereo« zu sehen, entwickelt sich von Geburt an bis zum Ende des zweiten Lebensjahres. Während dieser sensiblen Periode hatten die französischen und die Bamileke-Kinder also bessere Chancen, ihr räumliches Sehen zu entfalten, als die Kinder aus Togo.

Es geht jedoch nicht nur darum, wann eine bestimmte Fähigkeit des Kindes durch Anregung gefördert wird. Eltern und auch Fachleute fragen sich: *Wieviel* davon ist gut? In den letzten Jahren ist der Eindruck entstanden, man könne aus einem Kind besonders viel herausholen,

Das Kind kommt nicht mit fertigen Modellen von seiner Umgebung zur Welt, sondern mit einer Strategie, wie es sich die wichtigsten Informationen verschaffen kann. Kein Zufall, daß das Gesicht der Mutter seine größte Aufmerksamkeit erweckt.

Das eben zur Welt gekommene Baby ist mit einem ganzen Repertoire an Bewegungsreaktionen ausgestattet – den sogenannten primitiven Reflexen. Beim auf dem Bauch liegenden Kind löst der Druck auf die Fußsohlen Kriechbewegungen aus (oben). Einen hingehaltenen Finger umklammern Hände und Füße (Mitte und unten), sobald sie die Berührung spüren: Der Greifreflex kann so fest sein, daß sich das Kind an den Fingern der Mutter in der Luft hält. Diese Reflexe verschwinden im Laufe der ersten Wochen und machen gezielten auf einer höheren Entwicklungsstufe erlernten Bewegungsformen Platz.

wenn man auch besonders viel hineinsteckt: Klügere, fähigere, frühreifere, kurz »bessere« Babys waren das Ziel mancher Erziehungsbemühungen. Die Kleinsten sollten nicht nur lesen, sondern möglichst schon mathematische Aufgaben lösen oder vielleicht auch Geige spielen.

Was das Sehen betrifft, so zeigt eine Untersuchung an Bostoner Heimkindern, daß eine einseitige Überfütterung mit Reizen ebenso schädlich ist wie ein Mangel an Anregung. Man versuchte, die Heimkinder in zwei Gruppen zu fördern: Den einen wurde eine möglichst »normale« Umwelt zum Sehen angeboten, den anderen wurde ganz besonders vielfältige und ständig wechselnde visuelle Anregung gegeben. Das Ergebnis: Die mit Reizen überfütterten Kinder blieben in ihrer Aufmerksamkeit zurück. Sobald das Seh-Angebot auf ein normales Maß gebracht wurde, zeigten die Babys sofort bessere Leistungen.

In Wahrheit geht es jedoch überhaupt nicht um viel oder wenig. Daß das Normalmaß an Sehanregung bei den Testkindern erfolgreicher war als die Überstimulation, liegt an einem anderen Umstand: Die Überfütterung mit einseitigen Reizen bedeutet gleichzeitig eine Einschränkung aller anderen Erfahrungen. Das bedeutet: Man kann ein Baby und auch ein Kleinkind überhaupt nicht fördern, indem man *eine* Wahrnehmung oder *eine* Fähigkeit besonders hochpäppelt. Das Sehen funktioniert nämlich ebenso wie das Hören nicht für sich allein.

Wir müssen nur richtig beobachten: Warum wendet schon ein Neugeborenes seinen Kopf zu einer Geräuschquelle hin? Warum be-greift es Formen? Beide Leistungen, die uns zu Unrecht einigermaßen selbstverständlich erscheinen, kann es neben dem Sehen und Hören nur im Zusammenhang mit drei anderen Wahrnehmungssystemen vollbringen: dem Gleichgewichtssinn (dem vestibulären System), dem Tastsinn, der über die ganze Körperfläche verteilt ist, und der Eigenwahrnehmung (auch Tiefensensibilität genannt) aus den Sehnen, Mus-

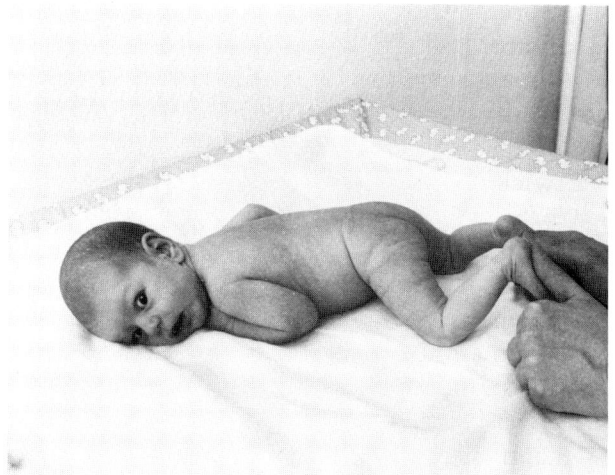

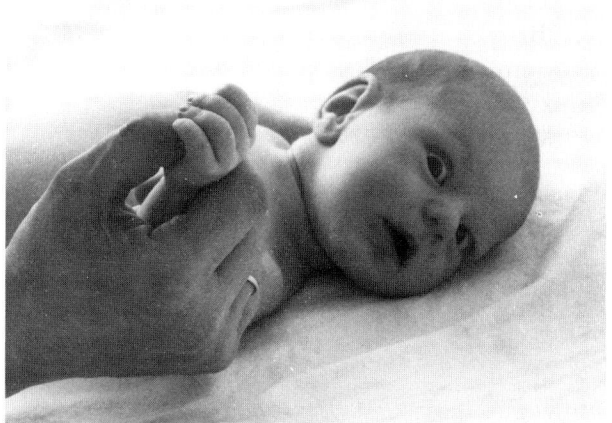

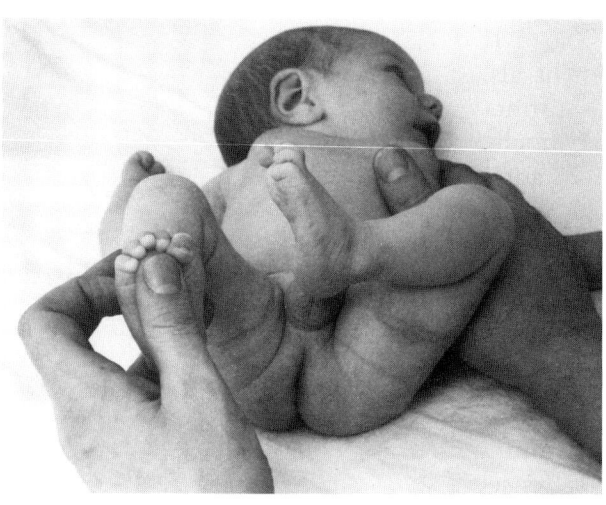

keln und Gelenken, der sogenannten »Propriozeption«.

Diese drei Systeme bilden nach neuen Erkenntnissen die Basis unserer gesamten Wahrnehmung. Nicht zuletzt sind sie es, die unsere Entwicklung zur aufrechten Haltung ermöglichen. Sie werden schon früh im Mutterleib funktionsfähig. Das Kind bringt darum relativ gute Gleichgewichts- und Tasterfahrungen mit auf die Welt. Es kann seinen Körper, wenn auch noch unvollkommen, im Raum »einstellen« – wenn es den Kopf hebt oder einer Geräuschquelle zuwendet, wenn es die Arme ausstreckt. Und es kann Formen wahrnehmen und unterscheiden, indem es sie mit Mund, Händen und dem ganzen Körper ertastet: Auch ohne hinzusehen, verschafft es sich eine genaue Vorstellung von der Brust der Mutter. Sein Mund ist ein besonders empfindsames Tastorgan, den es noch die ganze Kleinkindzeit über benutzt, um seine kleine Welt zu erkunden. Eltern beobachten manchmal noch bei Zwei- oder Dreijährigen, daß sie eine Weile ungestört weiterzuspielen scheinen, wenn plötzlich das Licht ausgeht; sie verlassen sich noch nicht so sehr wie wir auf das Sehen. Fühlen spielt für sie noch eine größere Rolle.

Was das Kind sieht, wird also sofort in Beziehung zu der räumlichen Körpererfahrung, zu Bewegungen und zu Tastempfindungen gesetzt und umgekehrt (was wir übrigens unser ganzes Leben lang praktizieren): Das Kind fühlt und sieht also gleichzeitig, wo es sich befindet. Es empfindet mit seinem Gleichgewichtssinn, daß es hochgenommen wird, sein Blick sammelt in der aufrechten Haltung ganz andere Eindrücke, als wenn es in seinem Körbchen liegt. Und wenn die Mutter, über das Kind gebeugt, mit ihm spricht, sieht es ihr Gesicht *über* sich, es hört ihre Stimme von *oben*, es fühlt mit seiner Haut, mit seinem Gleichgewichtssinn und vor allem in seinen Muskeln, Sehnen und Gelenken, daß es flach auf dem Rücken liegt. Fünf verschiedene Wahrnehmungssysteme (Sehen, Hören, Tastsinn, Tiefensensibilität und Gleichgewicht) sind also

an der Verarbeitung dieser Information beteiligt. Beim Neugeborenen geht das noch sehr unvollkommen vonstatten. Im Laufe von Stunden und Tagen macht es jedoch erstaunliche Fortschritte.

Mit jeder kleinsten dieser Erfahrungen, die es unbewußt mit allen seinen Wahrnehmungssystemen verarbeitet, strukturiert sich sein Gehirn. Das heißt, es bilden sich immer neue Aussprossungen an Nervenzellen, die sich immer mehr verästeln. Zwischen den Verästelungen werden ständig neue Kontakte hergestellt. Wenn diese so entstandenen Bahnen durch wiederholte Erfahrungen häufig genutzt werden, stabilisieren sie sich: Das Kind lernt. Es kann sich an diese Erfahrungen erinnern und sie in Zusammenhang mit neuen benutzen: Es kann sich sinnvoll anpassen. Ohne solche Wiederholungen, ohne den ständigen Gebrauch, verfallen (wie beim Sehen) die bereits gebildeten Strukturen schnell. Daß ein Kind Spaß daran hat, wieder und wieder die gleichen Handlungen auszuführen, ist also keine »Dummheit«, sondern eine äußerst förderliche Einrichtung in seinem genetischen Programm.

An dieser in Wirklichkeit unvorstellbar kompliziert ablaufenden Verarbeitung verschiedener Wahrnehmungsreize ist immer das ganze Gehirn beteiligt: Die von den Rezeptoren, den Sinnesorganen, aufgenommenen Informationen durchlaufen in einer geordneten Abfolge unterschiedliche Hirnbereiche, auch die ältesten, tiefsten Regionen, die unsere Gefühle steuern, das sogenannte limbische System und das Kleinhirn zum Beispiel. Im Idealfall werden die Impulse so verarbeitet, daß sie am Ende zu einer sinnvollen Handlung führen, also: hören und Kopf hinwenden, die Mutter sehen und die Hände ausstrecken oder sie mit Schreien herbei-»rufen«. Tritt an irgendeiner Stelle dieses Regelkreises eine Störung auf (durch eine Hirnschädigung oder eine anregungsarme Umwelt), so ist auch die gesamte Verarbeitung unvollkommen. Konkret: Es muß nicht an der Leistungsfähigkeit des Auges liegen, wenn ein Mensch nicht richtig sieht. Er kann sehen und trotzdem blind, »wahrneh-

Alles, was das Baby von seiner Umgebung wahrnimmt, mit seinem Fühlen, dem Gleichgewichtssinn, dem Sehen und Hören, setzt es sofort zueinander in Beziehung. So lernt es, seine Umwelt begreifen.

Interesse am menschlichen Gesicht

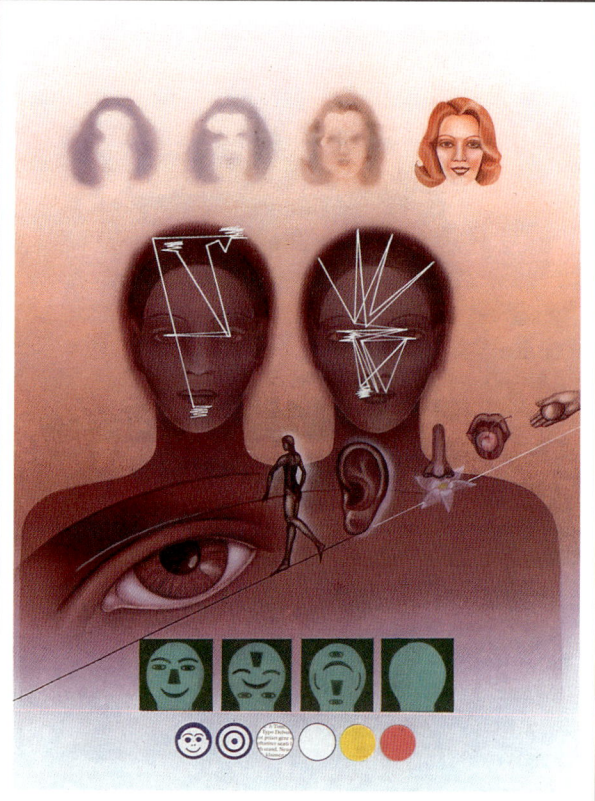

mungsblind«, sein: Seine anderen Sinnessysteme bestätigen ihm vielleicht nicht, was er sieht. Er kann mit dem Gesehenen nichts anfangen.

Andererseits werden auch einzelne Fähigkeiten des Kindes von scheinbar ganz unbeteiligten Systemen gefördert und überhaupt möglich gemacht. Betrachten wir das Foto auf Seite 25 oben. Wir sehen ein vor wenigen Tagen geborenes Kind. Es reagiert so lebhaft und »verständig« auf die Mimik und die Sprache der Mutter, als wäre es schon viel älter.

Was ist passiert, was ermöglicht dem kaum zur Welt gekommenen Baby dieses frühreife Verhalten? Die französische Kinderärztin Thirion erklärt es als einen Zustand »befreiter Bewegungsfähigkeit«. Der Arzt oder die Mutter hält dabei das Baby aufrecht und so gut in Nacken und Rücken abgestützt, daß alle im Kampf mit der Schwerkraft eingesetzten störenden Reflexe für kurze Zeit ausgeschaltet werden und das Kind sich frei bewegen kann. Das bedeutet nichts anderes, als daß sich sein Gleichgewichtssinn in einem optimalen Zustand befindet: Die aufrecht gestützte Haltung ermöglicht übrigens jedem Baby die größtmögliche Aufmerksamkeit.

Der optimale Zustand, das innere und äußere Gleichgewicht: Das ist es, was jedes Kind mit Wohlbehagen erfüllt und was es unbewußt mit allen seinen Verhaltensweisen anstrebt. Dieses Gleichgewicht, das man auch Homöostase – Selbstregulation – nennen kann, sei ein wesentliches Ziel der Entwicklung zum Erwachsenen, erklärt Inge Flehmig, Kinderärztin und Leiterin des Instituts für Kindesentwicklung in Hamburg. Bereits der Fötus erreicht eine gewisse Form dieser Selbstregulation. Allerdings werde dieser Prozeß des immer besseren Zusammenspiels, der sogenannten Integration aller Sinnessysteme, niemals im Leben ganz abgeschlossen, meint die Ärztin. Niemand ist perfekt. Aber je besser die sensorische Zusammenarbeit bei einem Menschen funktioniert, um so mehr kann er seine Begabungen und Fähigkeiten zur Geltung bringen. Das gilt für das Baby in der Wiege

Von allen Wahrnehmungen – Tastsinn, Geschmack, Geruch, Gehör, Gleichgewichtssinn und Tiefensensibilität – ist das Sehen bei der Geburt am unreifsten. Das Neugeborene sieht unscharf, es kann seine Augen noch nicht auf Nähe und Ferne einstellen, erkennt aber aus einem Abstand von etwa 20 bis 30 cm die Umrisse eines Gesichts sehr gut (obere Bildleiste ganz links). Mit zwei und drei Monaten sieht es zunehmend schärfer (mittlere Bilder). Das letzte der vier Fotos zeigt die Sehschärfe eines großen Kindes. Der Blick des Babys sucht zunächst nur Konturen ab; später beginnt es seine Betrachtungen am Mund einer zu ihm sprechenden Person, gleitet mit seinem Blick zum oberen Haarrand, dann zu den Augen und wieder zum Haarrand (linker großer Kopf). Mit zwei Monaten beginnt es meistens am Haarrand, blickt dann zu den Augen, zum Mund und immer wieder zu den Augen (rechter großer Kopf). Die beiden unteren Symbolreihen zeigen, daß bereits Neugeborene ganz ausgeprägte Vorlieben für bestimmte »Muster« haben. Am stärksten interessiert sie ein Gesicht (jeweils links) – auch wenn es ihnen nur als Schema gezeigt wird. Am schwächsten ist ihre Aufmerksamkeit bei unstrukturierten Symbolen (ganz rechts).

ebenso wie für den fingerfertigen Pianisten, den mathematische Aufgaben lösenden Physiker oder den redegewandten Politiker.

Das Neugeborene hat im Vergleich zum Erwachsenen damit noch seine Schwierigkeiten. Darum sind seine Bewegungen noch so fahrig und darum werden viele seiner bereits »beabsichtigten« Handlungen von uns für reinen Zufall gehalten. Darum trauen wir ihm so wenig zu.

Allzusehr ist es mit seinen Muskeln, Gelenken und seinem Gleichgewicht noch im Bann des Schwerefeldes der Erde. Dabei bringt es eigentlich eine ganz erstaunliche Reaktionsfähigkeit mit auf die Welt: die sogenannten Reflexe, das heißt unwillkürliche Bewegungsabläufe, bei denen man sich fragt, nützen oder hemmen sie, sind sie Vorgriffe auf spätere Fertigkeiten oder ein altes Erbe, das möglichst rasch über Bord geworfen werden muß?

Die merkwürdige Fähigkeit des Neugeborenen, Steig- und Schreitbewegungen zu machen, wenn man es aufrecht unter den Armen hält und seine Füße auf eine Unterlage setzt, die festen Greifbewegungen, die es mit Händen und Füßen macht, wenn man ihm einen Finger hinhält, die Saug- und Suchversuche, wenn es an seinem Mundwinkel gestreichelt wird, und viele andere erstaunliche Verhaltensweisen: Was für einen Sinn haben sie eigentlich? Die Ärzte nennen sie primitive Reflexe, einmal, weil sie so früh zu beobachten sind, zum anderen, weil sie aus einer älteren Zeit der Entwicklungsgeschichte des Menschen zu stammen scheinen.

Der Saugreflex jedenfalls ist auch heute für das Baby außerordentlich sinnvoll: So kann es sofort nach der Geburt die Brustwarzen der Mutter finden, wobei ihm der Geruchssinn zu Hilfe kommt. Sinnvoll ist auch, daß das Baby den Kopf zur Seite dreht oder hochnimmt, wenn es auf dem Bauch liegt; es bewahrt sich auf diese Weise vor dem Ersticken. Das Greifen, das so fest sein kann, daß sich das Kind dabei an den Fingern der Mutter in der Luft hält; hatte es vielleicht vor Jahrmillionen den Sinn, daß sich

das Kind im Fell der Mutter festhalten konnte? Soll es das Fallen verhindern?

Auch die moderne Neonatologie muß sich in der Erklärung dieser Reflexe und Reaktionen noch mit Vermutungen begnügen. Wahrscheinlich müssen wir sie als eine Art Notausstattung für den Anfang betrachten. Einige lebenswichtige Funktionen stehen eben sofort bereit, ohne zeitraubendes Lernen zu erfordern. Fest steht: Alle diese ganz frühen, eigentlich gar nicht »primitiven« Verhaltensweisen verschwinden im Laufe weniger Wochen und machen höheren, willkürlichen, feiner gesteuerten Bewegungsformen Platz.

Für den Kinderarzt sind die frühen Reflexe (die zum Teil bei Frühgeborenen noch fehlen) jedoch ein wichtiger Hinweis auf den Entwicklungsstand des Babys. Sie zu prüfen, ist Bestandteil jeder neurologischen Neugeborenen-Untersuchung. Das für den Laien Überraschende: Verschwinden die archaischen Bewegungsmuster nicht rechtzeitig, so ist der normale Entwicklungsablauf gestört.

Alle hier geschilderten Prozesse des fein abgestimmten Einklangs zwischen Wahrnehmungen und Bewegungen sind einem von der Natur vorgegebenen Zeitplan unterworfen. Zwar gibt es individuelle Unterschiede, doch die Abfolge der Entwicklungsschritte ist in einem größeren Rahmen fest abgesteckt. Jeder dieser Schritte baut auf dem vorhergegangenen auf. Das Kind dabei mit falschem Ehrgeiz anzutreiben oder es zu hemmen, indem man seine Bedürfnisse, vielleicht aus pädagogischen Absichten, nicht erfüllt, ist ebenso sinnlos wie verhängnisvoll: Beides führt zu Störungen der Entwicklung. Die Natur hat bei aller Kompliziertheit versucht, das Wichtigste so einfach wie möglich einzurichten. Darum bieten »ganz normale« Eltern, Großeltern und Geschwister einem neugeborenen Kind genau *die* vielfältige Anregung und Förderung, die es braucht. Sie können es, ohne es je gelernt zu haben: Das Kind selber bringt ihnen fast alles bei. Es fordert ihnen ab, was es braucht.

Jeder Entwicklungsschritt baut auf dem vorhergegangenen auf und ist einem von der Natur vorgegebenen Zeitplan unterworfen. Ein Baby dabei antreiben zu wollen oder es zu hemmen ist verhängnisvoll.

Eine der wichtigsten Voraussetzungen, sein Überleben zu sichern, ist die Fähigkeit des Neugeborenen, Gefühle zu wecken, Beziehungen herzustellen. Mit einem angeborenen Repertoire mimischer und gestischer Signale veranlaßt es seine Eltern, sich ihm spontan und intuitiv zuzuwenden. Auch ihr Verhalten – Mienenspiel und Körpersprache – stützt sich auf ein genetisches Programm. Im fein abgestimmten Wechselspiel mit seinen Eltern lernt das Baby, was es braucht, um die Welt zu erobern: Vertrauen.

Nicolaus begrüßt seinen Vater. Er hebt den Kopf, zieht die Augenbrauen so hoch es geht, öffnet weit die Augen, ebenso den Mund. Sein intensiver Blick trifft zielsicher den des Vaters. Ohne Worte, aber unmißverständlich sagt dieses wenige Tage alte Kind: »Hallo!« *(siehe Foto Seite 34/35)*. Es spricht eine internationale Sprache, die in der Wildnis von Alaska, im Dschungel des Amazonas, in der Savanne Afrikas oder auf irgendeiner Großstadtstraße Mitteleuropas verstanden wird – auch unter Erwachsenen. Das mimische Begrüßungsritual findet immer da statt, wo sich zwei begegnen, die sich kennen oder kennenlernen wollen.

Nicolaus beherrscht es wie andere Neugeborene. Er kann auch, wenn er unangenehm gestört wird, den Blickkontakt abbrechen, sein Gesicht wegdrehen, die Stirn runzeln, dabei unzufriedene Laute von sich geben und die Augen halb schließen. Wenn er dann noch die Wangen unter den Augen hochzieht, wenn seine Unterlippe zu zittern beginnt, er den Mund öffnet und die Mundwinkel herunterzieht, präsentiert er, was der amerikanische Kinderarzt Daniel Stern[8] das »Cry face« nennt, das Schreigesicht. Es läßt keinen Beobachter kalt, ebensowenig wie die »Begrüßung« oder das erste Lächeln.

Alle hier beschriebenen mimischen Veränderungen kann das Kind ebensogut einzeln ausführen. Wiederum handelt es sich – wie bei den im vorigen Kapitel beschriebenen frühen Reflexen –

um Verhaltensweisen, die bei der Geburt schon vorhanden sind. Aber im Unterschied zu jenen verschwinden sie nicht wieder. Im Gegenteil, sie entwickeln sich, verfeinern sich und werden später in neue, erlernte mimische und gestische Ausdrucksformen einbezogen.

Das neugeborene Baby kann also traurig, fröhlich und aufmerksam-kommunikationsbereit aussehen, ohne es zu lernen. Seine Mimik bringt es als genetische Grundausstattung mit auf die Welt. Aber mehr noch: Es vermag ähnliche Gesichtsausdrücke auch sofort beim Vater oder der Mutter zu erkennen und zu begreifen. Und noch erstaunlicher: Mit seiner eigenen, von den Eltern intuitiv verstandenen Gesichts- und Körpersprache ruft es – unwiderstehlich sozusagen – bei ihnen spontane Verhaltensweisen und mimische Verwandlungen hervor. Auch diese – und hier zeigt sich besonders deutlich die weise Voraussicht der Natur – sind nicht erlernt. Kein pädagogischer Grundkurs vermag sie zu vermitteln. Sie sind einfach da, als genetisch vorgesehenes Pendant zu dem, was das Neugeborene ausdrückt. Intuitives Verhalten nennen es Hanuš und Mechthild Papoušek[9] vom Max-Planck-Institut für Psychatrie in München. Es soll das Überleben des Kindes auch bei ganz unerfahrenen Eltern sichern.

Die vom Baby ausgesandten mimischen und gestischen Signale sind dabei ausschlaggebend, sie sind Reize, die so stark sind, daß sich die Eltern unwillkürlich sinnvoll angepaßt verhalten

Das wenige Tage und Wochen alte Baby »versteht« die Gesichtsausdrücke seiner Eltern. Es reagiert mit einem dazu passenden Mienenspiel – traurig, fröhlich, überrascht.

Baby Nicolaus beherrscht schon in den ersten Lebenstagen die wichtigsten Grundregeln menschlicher Kommunikation. Er hebt den Kopf, blickt seinem Vater in die Augen und macht das »Grußgesicht« – eine Aufforderung zur Zwiesprache.

müssen. Wie das geschieht, zeigen die Fotos auf Seite 37: Nicolaus blickt – mit leichtem Stirnrunzeln – seinem Vater so in die Augen, daß dieser ihn zunächst imitiert, dann aber den ganzen Charme des »Grüßens« entfaltet. Dem kann sich wiederum das Baby nicht entziehen: Es antwortet ebenfalls mit Grüßen. Ein szenischer Ausschnitt der mit zunehmendem Alter des Kindes immer feiner abgestimmten Choreographie zwischen Eltern und Baby. Mütter und Väter beherrschen sie übrigens gleichermaßen. Allerdings ist es zu Anfang eher die Mutter, die von dem Neugeborenen in dieser Weise angeleitet und stimuliert wird: Erstens, weil sie ihm beim

Stillen besonders nahe zugewandt ist, zweitens aber auch, weil das Kind sie am Geruch, am Herzschlag, an ihrer Stimme, an ihrer Art, sich zu bewegen, unmittelbar nach der Geburt wiedererkennt.

Wie das Kind haben also auch die Eltern ein ganzes Repertoire intuitiver Verhaltensweisen parat. Sie können damit in Sekundenbruchteilen spontan reagieren, ohne überlegen zu müssen. Nur eine halbe Sekunde dauert es, bis eine solche Reaktion zustande kommt. Der Verhaltenspsychobiologe Papoušek[10], der das Zusammenspiel elterlicher und kindlicher Verhaltensweisen mit Hilfe von Videotechnik in kleinsten Bruchteilen

untersucht, fragte Väter und Mütter, warum sie so oder so gehandelt hätten. Sie fanden immer eine plausible Erklärung. Es schien, als hätten sie erst nachgedacht und dann gehandelt. Die Video-Aufzeichnungen bewiesen, daß es nicht so war, daß die später von den Eltern angegebenen Gründe nicht mit den Szenen der Filme zusammenpassen wollten. In Wahrheit hatten sie sich vollkommen spontan verhalten. Könnten sie das nicht, wären sie schon nach wenigen Stunden völlig erschöpft, meint Papoušek.

Solche zur psychobiologischen Eltern-Aussteuer gehörenden Verhaltensweisen wissenschaftlich zu beobachten und zu beschreiben,

Die stimmlichen Botschaften der Eltern an das Kind, die Ammensprache, sind auf die wesentlichsten Inhalte beschränkt. Sie sind durch besondere, immer wiederkehrende melodische Muster gekennzeichnet.

hat nicht den Sinn, sie Eltern besser beizubringen (das wäre gar nicht möglich), sondern im Gegenteil die von den Medien, vor allem von widersprüchlicher Ratgeber-Literatur verunsicherten Väter und Mütter in ihren Fähigkeiten zu bestärken, ihnen ihr Selbstvertrauen zurückzugeben. Der zweite Grund: Verstehen wir nicht auch »das unbekannte Wesen«, unser Kind, besser, wenn wir uns einmal vorstellen, wie es diese Verhaltensweisen erlebt, wie es sie hört, sieht, fühlt?

Verglichen mit der Art und Weise, wie Erwachsene miteinander umgehen, sind die in Zeit und Raum sozusagen übertriebenen Mienenspiele, die Eltern ihren Neugeborenen bieten, ist ihr rhythmischer Sprachsingsang ja ziemlich merkwürdig: So verhält man sich allenfalls mit kleinen Tieren oder wenn man verliebt ist.

Sich darüber lustig zu machen, ist jedoch ganz und gar unvernünftig. Babytalk und exaltierte Mienen haben ihren Sinn: Das Neugeborene braucht stärkere, eindeutigere und länger anhaltende Signale als das größere Kind und der Erwachsene. Darum wirkt die ganze Verhaltensszenerie zwischen Eltern und Kind oft nicht nur so übertrieben, sondern auch – trotz der Schnelligkeit der Reaktionen – innerhalb der einzelnen Abläufe so verlangsamt und gedehnt. Wenn die Mutter zum Beispiel Aufmerksamkeit erwecken will, macht sie meist das spöttisch-erstaunte Gesicht (es ist dem Grußgesicht ziemlich ähnlich) mit hochgezogenen Augenbrauen, geweiteten Augen, leicht geöffnetem Mund, wobei sie den Kopf bewegt und vielleicht ein bißchen auf die Seite legt. Dazu sagt sie etwas, das sich wie ein langgezogenes »Naaaaa?!« oder »Guck doch maaaaal!« mit am Schluß angehobener Stimme anhört. Dieses Anheben der Tonhöhe bedeutet Ermutigung. Das Kind versteht dies sehr bald, denn die Mutter wiederholt ihre kleinen Sätze immer wieder. Dabei kommt es nicht auf den Wortinhalt an, sondern auf die Sprachmelodie. Ganz ähnlich wie in der Mimik verfügen Eltern (das heißt, genaugenommen, alle Erwachsenen

und sogar schon Sechs- bis Siebenjährige) über einige sprachliche Grundmuster, die sie im Umgang mit einem Baby ständig anwenden, ohne darüber nachzudenken: die »Ammensprache«.

Auch sie ist wie die mimischen Reaktionen international. Egal welcher Nationalität und Kultur Menschen angehören, sie wenden sich einem kleinen Säugling in immer und überall wiederkehrendem Babytalk zu. Die Melodie übernimmt dabei mehr die Funktion der Aussage als die Worte: Gegen Ende abfallende Melodiekurven sind mehr beruhigend und tröstend, ansteigende eher ermunternd. »Nun wein' doch nicht, meine Kleine«, wird darum sicher mit am Ende abfallender Stimme gesagt, im Gegensatz zum aufmunternden »Na, was macht es denn!« Aber eigentlich ist es wirklich ganz gleich, *was* die Mütter sagen. *Wie* sie es sagen, ist wichtig. Der Ton macht die Musik. Das bietet einen unschätzbaren Vorteil: Die Botschaften sind damit auf die allerwesentlichsten Inhalte beschränkt. So hat das Kind die Chance, sie nach und nach zu begreifen. Das wird ihm noch durch einige besondere Umstände erleichtert:

1. *Die Häufigkeit*, mit der sie benutzt werden. Oft machen Mütter weit über 100 solcher kleiner »Ansprachen« innerhalb von drei Minuten. Hanuš und Mechthild Papoušek[11] fanden heraus, daß davon fast 94 Prozent melodische Wiederholungen sein können.

2. *Die Begleitung durch Mimik und Körpersprache* hilft dem Neugeborenen, die Sprachinhalte einzuordnen: Es kann sein ganzes Repertoire an Wahrnehmungsfähigkeit einsetzen, wenn die Mutter, während sie mit ihm spricht, es hochnimmt, zärtlich an sich drückt und seinen Rücken streichelt.

3. *Die Regelmäßigkeit*, mit der die etwa fünf sprachmelodischen Grundmuster von der Mutter in bestimmten Situationen benutzt werden. Schon das wenige Tage alte Baby lernt auf diese Weise, Zusammenhänge herzustellen und zu behalten.

4. *Die Vorhersehbarkeit:* Das Baby weiß bald,

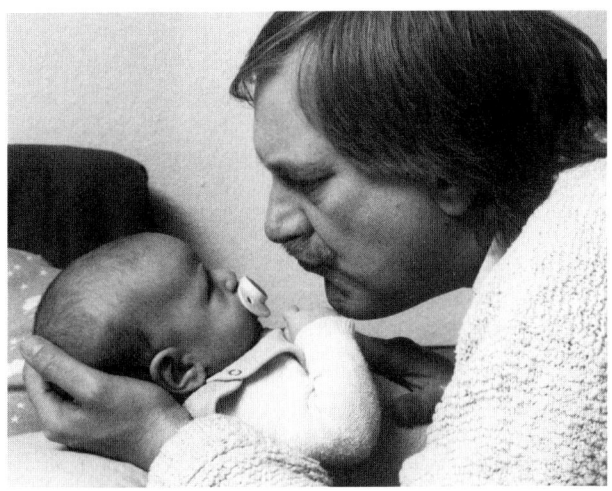

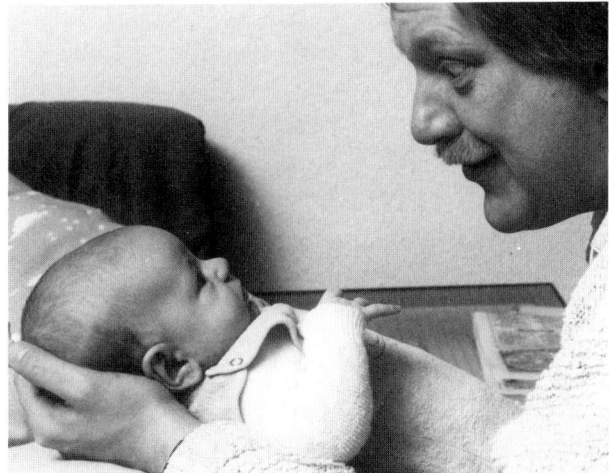

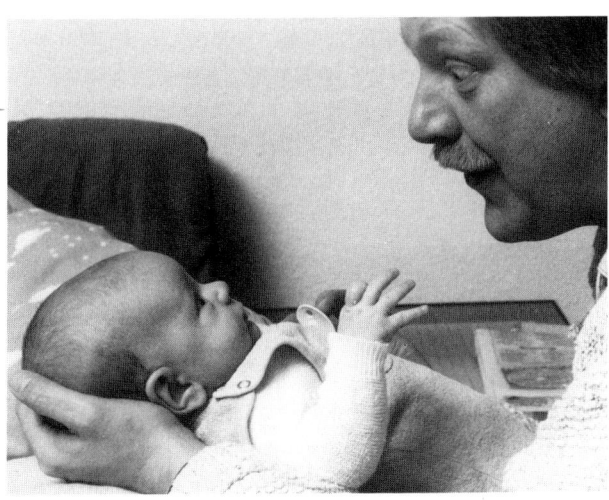

daß sein eigenes Verhalten ganz bestimmte, *vorhersehbare* Reaktionen hervorruft – sowohl in der Sprache, im Tonfall, in der Mimik als auch in der Körpersprache.

Schon vom ersten Lebenstag an kann es eine regelrechte Zwiesprache zwischen Mutter und Kind geben. Beide setzen dabei alle diese Kommunikationsmittel ein und appellieren damit an sämtliche Wahrnehmungssysteme: Ein Vorgang optimalen Lernens. Im ständigen gemeinsamen Zusammenspiel verfeinert und differenziert das Kind seine Ausdrucksfähigkeit, nach und nach werden seine Lautäußerungen für die Mutter und sogar für andere verständlicher. So früh, also schon vom Zeitpunkt der Geburt an, beginnt der Umgang des Kindes mit der Sprache. Und sie wird, wie wir erfahren haben, eben nicht nur durch Sprechen, sondern über viele Kanäle vermittelt. Ähnlich wie beim Sehen sollen dem Neugeborenen dabei zunächst ganz einfache und nur die wichtigsten Informationen übermittelt werden. Und es muß, wiederum wie beim Sehen, Gelegenheit bekommen, sie mit anderen Sinnesinformationen zu verknüpfen. Hier zeigt sich noch einmal, wie unsinnig eine ehrgeizige Förderung einer einzigen Fähigkeit ist: Sprache kann man einem Neugeborenen (und auch einem Kleinkind) nicht ausschließlich über Sprechen und womöglich gar mit Hilfe von Erwachsenensprache nahebringen.

Die gesamte hier geschilderte Choreographie der Handlungen und Verhaltensweisen zwischen Eltern und Kind hat jedoch noch eine Bedeutung, die über das Lernen weit hinausgeht: Die zahllosen Wiederholungen dessen, was Eltern zeigen, sagen und tun, die Zärtlichkeit, die sie dabei intuitiv vermitteln, lassen beim Kind eine der wichtigsten Lebensqualitäten entstehen, die es in den kommenden Jahren besonders brauchen wird: Vertrauen. In den immer wiederkehrenden, aber sich auch stetig weiterentwickelnden Ritualen lernt das Baby schon ganz früh, wie seine Eltern im Unterschied zu anderen, fremden Personen sind (alle Väter und Mütter haben

Die mimische Zwiesprache zwischen dem Vater und seinem zehn Tage alten Sohn folgt ganz bestimmten, sozusagen internationalen Regeln. Hochgezogene Augenbrauen, weit geöffnete Augen, ein sich leicht öffnender Mund machen dem Baby klar: der Vater will mit mir spielen. Es reagiert mit einem ähnlichen Mienenspiel und streckt interessiert die Hand aus. Häufig gehen die ersten Impulse zu solcher Interaktion vom Kind aus. Das scheinbar Übertriebene der väterlichen Mimik hat seinen Sinn: Neugeborene können nur sehr deutliche, einfache Signale erkennen und verstehen.

Das Kind bringt die Fähigkeit, sich selber zu regulieren – sein seelisches Gleichgewicht, zwischen wacher Aufmerksamkeit und ruhiger Entspannung herzustellen – bereits mit auf die Welt. Seine Schlaf- und Wachrhythmen passen sich jedoch erst nach und nach dem Leben außerhalb des Mutterleibs an. Bei diesen fortschreitenden Anpassungs- und Regulierungsprozessen braucht das Baby die einfühlsame Unterstützung seiner Eltern. Ihre Intuition hilft ihnen, ein nervöses, überaktives Baby zu beruhigen und ein besonders passives aufzumuntern.

ihren eigenen Elternstil). Und es erfährt ebenso, daß es sich auf sie verlassen kann: Sie beantworten jeden seiner Apelle und fast immer mit schlafwandlerischer Sicherheit richtig.

Je weniger sie dabei in ihrem Selbstvertrauen, in ihrem Gefühl, es richtig zu machen, untergraben werden, je ungestörter, von äußeren Sorgen unberührt sie dies tun können, desto besser sind sie dazu in der Lage. Und desto besser kann das Kind seine Fähigkeit einsetzen, diese ersten sozialen und emotionalen Beziehungen zu knüpfen.

Die Ungestörtheit ist allerdings keine Selbstverständlichkeit: Schon in den allerersten Momenten nach der Geburt, im Kreißsaal, wird sie ständig durch äußere Zwänge wie Personal-, Raummangel oder, schlimmer, durch Gedankenlosigkeit verletzt. Der Hauptgrund ist jedoch Unwissen: »Eine der großen Schwächen unserer modernen Krankenhäuser ist es, all dies mit der technischen Gleichgültigkeit zu betrachten, die man Maschinen gegenüber zeigen würde«, schreibt Marie Thirion[12]. Dazu passe die herablassende Art mancher Geburtshelfer, die seelische Situation der Mütter zu kommentieren: Man bezeichne sie als »regressiv«, »kindisch«, »weichlich«, unfähig, »vernünftig zu reden«, und so weiter. »Ist es denn so schwierig«, fragt die Kinderärztin, »die Identität des Erlebens zu verstehen und die Sensibilität des anderen zu respektieren? Kann die Ankunft eines neuen Menschen in dieser Welt wirklich ernstgenommen werden, wenn man sich dabei alle Gefühle und jede Intensität dieser Gefühle vom Leibe zu halten versucht?«

Sicher, das Gelingen einer guten Beziehung und einer vertrauensvollen Bindung zwischen Eltern und Kind hängt, wie Untersuchungen der letzten Jahre zeigen, nicht ausschließlich von diesen ersten Stunden und Tagen ab. Dazu ist das von der Natur vorgesehene Verhaltensprogramm viel zu stark, sind die Signale und Appelle des Kindes auch weiterhin viel zu unwiderstehlich. Eltern können sie auch später noch angemessen beantworten. Aber es ist nach Untersuchungen wie denen der Papoušeks oder Daniel Sterns und anderer unabdingbar, diese Verhaltensabläufe im Zusammenhang mit der Entfaltung des gesamten Wahrnehmungsfächers zu sehen: Denn nur im ausgeglichenen und ungestörten Umgang mit den Eltern oder anderen Bezugspersonen, nur in der regelmäßigen Verläßlichkeit dieser zahllosen hier beschriebenen winzigen Wechselbeziehungen wird das Neugeborene alle seine Sinne optimal entfalten. Nur mit dieser Starthilfe kann es seine körperliche Anpassung an das Leben in der Luft mit den besten Voraussetzungen bewältigen. Sein Nervensystem ist darauf angewiesen, daß alle Fähigkeiten, die es bereitstellt, gleich benutzt werden. Das gilt für frühe soziale und emotionale Interaktionen genauso wie für die Fähigkeit, zu sehen oder die Mutterbrust zu finden. Die Ungestörtheit des frühen Wechselspiels mimischer, sprachlicher und körperlicher Signale ist nichts anderes als eine Chance für das Kind, sich optimal zu entwickeln.

Auch ohne äußerliche Störungen ist dieses Wechselspiel noch gefährdet genug. Wie wir gesehen haben, spielt das Neugeborene dabei selber eine ganz wesentliche Rolle. Es gibt den Eltern den Impuls, so oder so mit ihm umzugehen. Und es kann dann wiederum mit seiner Reaktion auf das elterliche Verhalten seinen Vater oder seine Mutter ermutigen, in der begonnenen Weise weiterzumachen. Das allerdings setzt zweierlei voraus: Erstens, daß das Kind bei der Geburt so gesund und wach über seine Sinne verfügen kann, daß es »orientierungsfähig« ist. Zweitens, und dies ist besonders wichtig, muß es bereits in der Lage sein, sein körperliches und seelisches Gleichgewicht zu finden. Möglicherweise sind diese beiden Kompetenzen, sich nach außen orientieren zu können und sich ruhig und entspannt zu fühlen, für das Knüpfen der ersten Beziehungen die wichtigsten überhaupt. Der amerikanische Psychiater Stanley Greenspan widmet diesem Thema sein kürzlich erschiene-

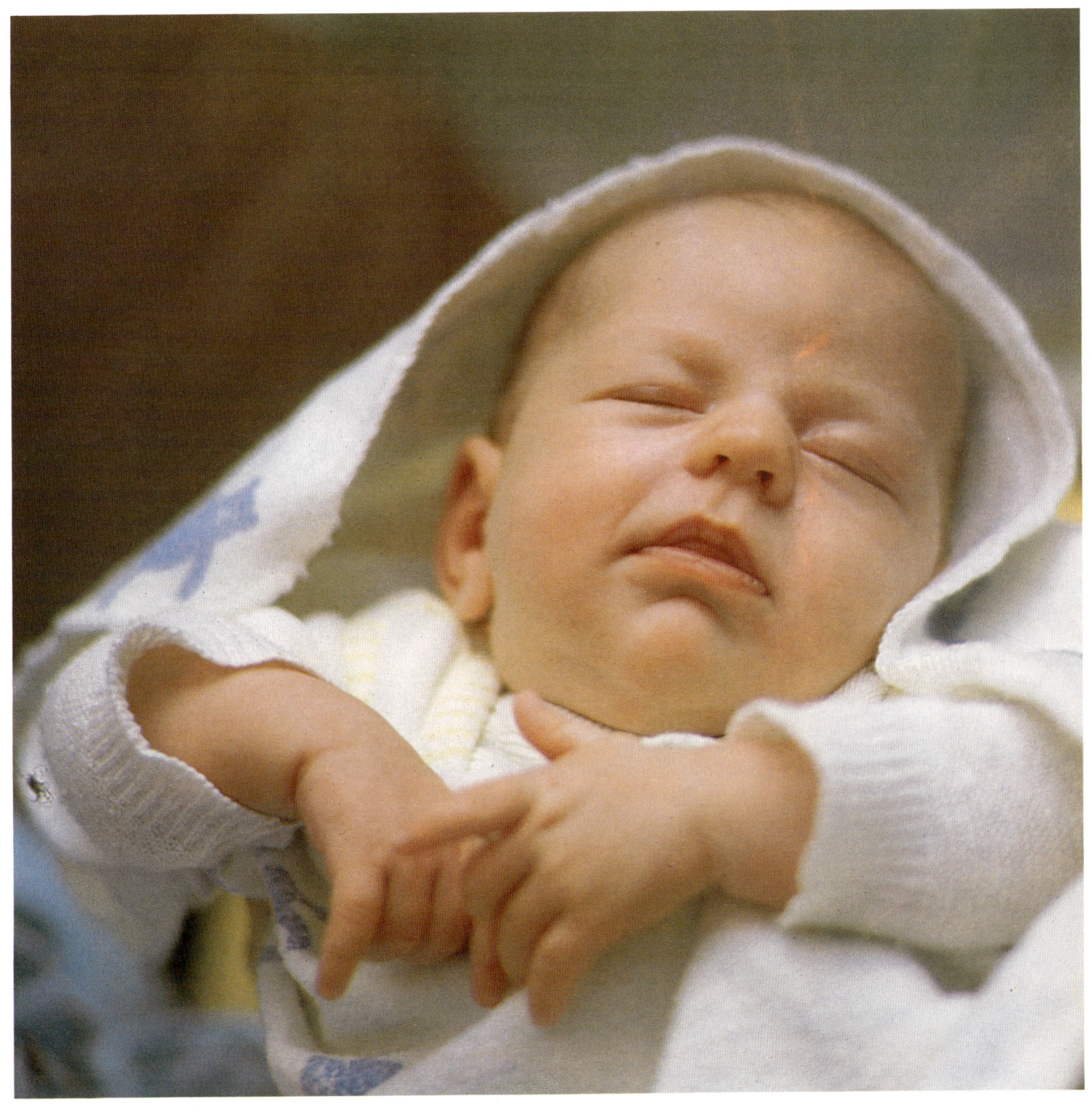

Wesensunterschiede bei Babys sind normal. Sogar Neugeborene haben sehr verschiedene Charaktere: Für viele Eltern ist diese Erkenntnis schon ein Schritt zu neuem Selbstvertrauen und größerer Gelassenheit.

nes Buch *First Feelings* (»Erste Gefühle«). Er schreibt: »Ein Kind, das physisch krank ist und Schmerzen hat . . ., kann oft Hören, Sehen sowie seine Erfahrung, zu fühlen und sich zu bewegen, nicht einsetzen. Es ist vom Schmerz sehr abgelenkt. Andererseits wird ein Baby, dessen Grundfähigkeit, sich selber zu regulieren, nicht gut entwickelt ist, es schwerer haben, seine Sinne zu benutzen, um Interesse an der Welt zu finden. Wir haben also einen Kreis: Das Baby, das ruhig ist, kann seine Umwelt sehen, hören und sich dafür interessieren; und das Baby, das alle seine Sinne gut gebraucht, kann sich selbst helfen, ruhig und aufmerksam zu werden.«[13]

Da das Kind die Fähigkeit, sich selbst zu regulieren, seine Homöostase, teils schon mit auf die Welt bringt, teilweise am Beginn seines Lebens lernt, haben die Eltern immerhin die Chance, ihm dabei zu helfen. Sie tun dies meist intuitiv, indem sie einfühlsam ein nervöses, überaktives Baby beruhigen oder ein allzu passives aufmuntern und anregen.

Dies ist nicht so leicht, wie es scheint. Schließlich treffen die von Anfang an schon ausgeprägten Charaktere der Babys keineswegs immer auf dazu passende Eltern. So kann es im Austausch der Signale buchstäblich zu Mißverständnissen auf beiden Seiten kommen: zum Beispiel, wenn das Kind fortgesetzt in einer ganz anderen Weise reagiert, als es Mutter und Vater erwarten, oder, schlimmer noch, wenn es wenig oder fast gar nicht reagiert. Den amerikanischen Kinderarzt T. Berry Brazelton beschäftigt dieses Problem in seinem Buch *Infants and Mothers* (»Babys und Mütter«).[14] Er beschreibt drei völlig verschiedene Grundcharaktere Neugeborener und die Schwierigkeiten der Eltern, damit umzugehen. Seine Absicht ist – unter anderen –, ihnen zu helfen, ihre Hilflosigkeit in solchen Situationen zu überwinden. Zu wissen, daß diese Wesensunterschiede normal sind, und zu wissen, daß es auch normal ist, damit nicht gleich zurechtzukommen, ist schon ein wesentlicher Schritt zu neuem Selbstvertrauen. Dieses wiederum ist

notwendig, um gerade mit einem schwierigen Kind unverkrampft umzugehen.

Um Eltern ihre selbstanklägerischen Zweifel überwinden zu helfen, führt der Psychiater Greenspan[15] ihnen vor Augen, daß sie damit nicht allein sind, daß viele von ihnen einige ganz typische Schwierigkeiten haben:

– Die erste ist: Sie fühlen sich alleingelassen und überwältigt von der neuen Aufgabe. Sie glauben, keine guten Eltern zu sein. Greenspan hält ihnen entgegen, daß die sogenannten perfekten Eltern oft so kontrolliert seien, daß es ihnen an Spontaneität und emotionaler Wärme fehle. Mütter und Väter sollten nicht erwarten, daß sie *jeden* Augenblick mit ihrem Baby als wunderbar erleben würden.

– Die zweite Schwierigkeit, mit der vor allem junge Mütter zu kämpfen haben, ist Depression. Sie überfällt sie häufig, wenn sie glauben, in wichtigen Situationen, zum Beispiel bei einem Notfall, zu versagen. Auch Väter sind vor solchen Stimmungstiefs nicht gefeit: Sie fühlen sich angesichts der engen Mutter-Kind-Beziehung als Außenseiter, als nicht recht dazugehörig. Daß es nicht so sein muß, hängt aber meistens von ihnen selber ab – wie beispielsweise unsere Fotos zeigen. Es sei wichtig, daß junge Eltern, vielleicht mit Hilfe von Großeltern oder Freunden, es schaffen, ihre Depressionen zu überwinden, weil sie sonst mit ihrem Kind nur noch mechanisch umgingen und ihm nicht emotional ganz zur Verfügung stünden. Depressive Eltern ziehen sich zurück – auch von ihrem Kind.

– Drittens haben viele Eltern die Befürchtung, ihre Unabhängigkeit zu verlieren. Diese Angst steht dem Vergnügen im Umgang mit ihrem Baby im Wege. Greenspan meint, es sei besser, eine klare Entscheidung zu treffen, als die Beziehung zu dem Kind mit dieser inneren Zerrissenheit zu belasten. Wichtig sei, daß die Zeit, die Eltern zu Hause verbringen, wirklich dem Baby gehöre.

Dieser kleine Problemkatalog macht deutlich, daß es vielleicht gar nicht das neu hinzugekommene Kind ist, das manchen frischgebackenen

Eltern solche Last bereitet, sondern ihre eigene Unsicherheit. Sie überwinden diese wahrscheinlich am besten, wenn sie einige Kochrezepte für gute Elternschaft vergessen und statt dessen aufmerksamer ihr Baby betrachten. Es gibt, das zeigen alle neuen Untersuchungen zum Thema, keinen besseren Lehrmeister für Eltern als das Kind selber.

Es verfügt dabei über einen ganz besonderen Zauber. Ihm konnten sich Menschen, wenn es ums Lernen ging, noch nie entziehen: Spaß. Es bereitet Müttern und Vätern Vergnügen, auf die Signale eines scheinbar hilflosen Knirpses zu antworten; zu sehen und zu fühlen, wie er reagiert und vergnügt ist. Fragt man Mütter, warum sie mit ihrem Baby spielen, so antworten sie meist spontan so etwas wie: »Ich weiß nicht – weil es Spaß macht.«

Gemeinsam Spaß zu haben, bietet viele Vorteile: Es reizt die Mutter zu genau der richtigen Dosierung von Wiederholung, Abwandlung und Einführung neuer Elemente an, die das Kind braucht. Wäre das Wechselspiel in der Wiederholung zu eintönig, würde das Baby bald gelangweilt einschlafen; wäre es zu rasch in seinen Abwandlungen, könnte das Neugeborene nicht folgen; und würden zu viele ganz neue Anreize, Erlebnisse auf das Kind einstürmen, könnte es sie nicht begreifen und verarbeiten. Der schmale Pfad der ausgewogenen »richtigen« Anregung wird von Eltern eigentlich immer dann völlig schwindelfrei beschritten, wenn sie spielerisch gemeinsam mit ihrem Baby Spaß haben. »Spaß ... verändert unser Verhalten und damit auch das, was wirklich passiert«, sagt Stern.[16] Eltern, die dazu alle verfügbaren Instrumente – ihre Stimme, ihr Gesicht und ihren Körper – einsetzen, verhelfen ihrem Kind dazu, wirklich »lebendig« zu sein, meint der Kinderarzt. Wenn die Mutter »dabei selber Vergnügen empfindet, dann wird ihre spielerische Inszenierung alle die vom Kind hervorgerufenen und von der Evolution vorgesehenen Verhaltensweisen entfalten, die für das Baby die beste Show der Welt sind«:[17]

Der Mensch ist offenbar das verspielteste aller Tiere. Und er bleibt es ein Leben lang. Der gesamte hier und in den vorigen Kapiteln beschriebene Prozeß der sensorischen Entwicklung folgt – weise Einrichtung der Natur – diesem Prinzip. Das Ziel aller Verhaltensweisen beim Neugeborenen wie beim Erwachsenen ist immer wieder eine Art heiterer innerer Harmonie, ein Gleichgewicht, das als Wohlbehagen empfunden wird. Nie wird es ganz erreicht. Aber einige schaffen es besser als andere: Vielleicht, weil die Kompetenzen, die sie in die Wiege gelegt bekamen, und weil die intuitiven Fähigkeiten ihrer Eltern ihnen erlaubten, mehr Vergnügen am Erobern der Welt zu haben.

Unsicherheiten überwinden Eltern am besten, wenn sie sich von den Bedürfnissen des Kindes leiten lassen, besonders von seinem deutlichen Verlangen nach Spaß und Spiel: Das Baby ist ihr bester Lehrmeister.

Kinder, die vorzeitig zur Welt kommen, hatten lange Zeit nur eine geringe Chance, am Leben zu bleiben. Inzwischen sind die Bedürfnisse Frühgeborener besser erforscht, sind Brutkästen mit hochtechnischen Einrichtungen zur Überwachung und künstlichen Beatmung zu Lebensrettern geworden. Darüber hinaus aber haben die Ärzte erkannt: Genauso wie ältere Kinder brauchen Frühgeborene die Gegenwart und die liebevolle Zuwendung der Eltern.

Baby Sophie paßt in eine hohle Männerhand. Bei ihrer Geburt wiegt sie 560 Gramm. Wie rund sieben Prozent aller bei uns geborener Kinder, kommt sie zu früh zur Welt. Sehr viel zu früh sogar, dreizehn Wochen vor dem errechneten Termin. Ihr Gewicht ist um 300 Gramm zu niedrig für ihr Alter. »Small for date« oder »small for gestational age« – zu klein für das »Tragealter« – nennen das die Mediziner.

Sophies Winzigkeit, ausgestreckt ist sie 30 Zentimeter lang, und Leichtgewichtigkeit sind gut erklärlich. Sie ist ein Drilling. Ihre beiden schwächeren Geschwister sind gleich nach der Geburt gestorben. Wie häufig bei Mehrlingen war die Fruchtblase vorzeitig geplatzt, die Geburt ließ sich nicht mehr hinauszögern. Mit Kaiserschnitt wurden die Drillinge am Ende der 27. Schwangerschaftswoche in einer Hamburger Klinik zur Welt gebracht. Sophie schien dem Tod näher als dem Leben. Sie war nicht rosig, wie ein gesundes Neugeborenes, sondern weiß. In der Neugeborenen-Intensivstation des Krankenhauses Wandsbek mußte die Kleine sofort beatmet und künstlich ernährt werden. Denn weder ihre Lunge, noch das Atemzentrum im Gehirn, noch das Verdauungssystem waren entwickelt genug, um selbständig zu funktionieren.

Über einen Tubus durch die Nase mit Sauerstoff versorgt, mit einer haarfeinen Sonde durch die Nabelarterie ernährt, liegt das winzige Baby, umsponnen von Schläuchen, die den Sauerstoffgehalt des Blutes, die Herzfrequenz, den Blutdruck, die Beatmung kontrollieren und messen,

in einem Brutkasten. Dieses speziell für Frühgeborene entwickelte Bettchen ist von einem schützenden durchsichtigen Plexiglasgehäuse umgeben. Ein Motor sorgt für eine Temperatur zwischen 32 und 36 Grad. Der Brutkasten, auch Inkubator genannt, hat vorn zwei verschließbare Öffnungen, durch die das Kind von Ärzten und Schwestern versorgt und auch von den Eltern angefaßt, gestreichelt, an- und ausgezogen werden kann.

Sophie ist auf eine Folie gebettet, ihre Haut, feiner und durchscheinender als Seidenpapier, scheint zu groß für den zerbrechlichen Körper. Sie ist so zart, daß die weichen Lammfelle, auf denen die anderen »Frühchen« liegen, noch zu grob für sie sind. Sophies Gliedmaßen sind kaum dicker als meine Finger. Hin und wieder streckt sie ein Bein aus der Froschhaltung, in der sie liegt, weit von sich. Ihre Ärmchen haben sichtlich Mühe, sich von der Unterlage zu heben. Nach dem annähernd schwerelosen Zustand im Mutterleib, wo jede Bewegung leicht ist, muß das Kind jetzt mit der Erdenschwere kämpfen, für die seine Muskeln noch zu schwach sind.

Wenn das kleine Mädchen überhaupt eine Chance hat zu überleben, dann wird hier alles getan, nicht nur, ihr Leben zu retten, sondern auch, sie möglichst ohne Schädigungen durchzubringen. Jetzt, nach drei Tagen, läßt sich noch nichts über ihre Zukunft sagen. Nach der Statistik immerhin haben Frühgeborene heute wesentlich bessere Aussichten als noch vor 20 Jahren. Damals betrug die Überlebensrate von Kindern, die bei der Geburt zwischen 1000 und 1500

Viele Frühgeborene kommen mit einem für ihr Alter zu geringem Gewicht zur Welt: »Small for date« nennen das die Ärzte.

Ärzte müssen, wenn es um die Rettung Frühgeborener geht, oft schwierige Entscheidungen treffen. Die Frage, wird das Kind ohne bleibende Schäden überleben, ist in vielen Fällen nicht eindeutig zu beantworten.

Gramm wogen, zwischen 30 und 50 Prozent. Heute überleben zwischen 70 und 90 Prozent. Gleichzeitig sank die Zahl der neurologischen Entwicklungsstörungen bei diesen Kindern von 50 bis 70 auf zehn bis 15 Prozent. Nur etwa drei Prozent haben noch schwere Störungen. Größer allerdings sind die Risiken der Babys unter 1000 Gramm – meist 24 bis 27 Schwangerschaftswochen alt –, vor allem wenn sie, wie der Drilling Sophie, auch noch zu klein für ihr Alter sind.

Für Dr. Jürgen Steidinger (Autor des Buchs *Frühgeborene – Babys, die nicht warten können*), der die kleine Sophie in Hamburg betreut, ist eine möglichst zuverlässige Diagnose das Ziel der ersten Untersuchungen. Ultraschall, der das Kind in diesem Entwicklungsstadium am wenigsten gefährdet, und gelegentlich auch die Computertomographie sind dabei wichtige Helfer. »Mich belastet am meisten das Überleben von schwer geschädigten Kindern«, sagt auch der Leiter einer der modernsten Neugeborenen-Intensivstationen Europas, Professor Gabriel Duc, der in seiner Abteilung am Universitätsspital in Zürich die besten technischen und medizinischen Untersuchungs- und Behandlungsmethoden mit einem Höchstmaß an Menschlichkeit zu verbinden versucht. Professor Ducs Sorge ist, daß Ärzte immer mehr Schwierigkeiten haben, die richtige Entscheidung zu treffen, »daß diese Medizin in eine falsche Richtung geht, daß schwer geschädigte Kinder gerettet werden, die sonst gestorben wären. Wir hüten uns jedoch vor zu früher Beurteilung.«

Wie wichtig das ist, zeigte sich an Jasmin, einem kleinen Mädchen, das noch früher als Sophie, nämlich am Ende der 26. Woche, geboren wurde. Ihre Mutter hatte vorzeitige Wehen, ein Hubschrauber brachte sie in die Gynäkologische Abteilung der Zürcher Universitätsklinik. Dort konnte das Baby gleich nach der Entbindung in der Frühgeborenenabteilung die notwendige Intensivbetreuung erhalten. Jasmins Chancen, ohne Schaden zu überleben, waren um einiges größer als die Sophies. Ihr Geburtsgewicht, 680

Gramm, war ein wenig höher. Sie ist kein Mehrling, mußte sich also im Mutterleib nicht den Platz mit ihren Geschwistern teilen.

Wie die kleine Sophie kam sie unter demselben Dach zur Welt, unter dem sie auch weiter betreut wurde. Das ist von besonderer Bedeutung, denn der Transport, so behutsam und fachgerecht er auch vorgenommen wird, ist für die extrem empfindlichen Frühgeborenen ein zusätzliches Risiko. Auf dem 2. Europäischen Symposium für Enwicklungsneurologie in Hamburg, unter der Leitung von Dr. Inge Flehmig, wies Professor Volker von Loewenich von der Universitätskinderklinik Frankfurt darauf hin, daß die Sterblichkeit der in einer Klinik mit Neugeborenen-Intensivstation geborenen Kinder nur halb so hoch ist wie bei den außerhalb der Klinik geborenen. Hirnblutungen treten bei den transportierten Babys viel zahlreicher auf.

Trotz ihrer »Vorteile« macht auch die kleine Jasmin mehrere lebensbedrohliche Krisen durch. Ihre Lunge ist in den ersten Tagen so stark verändert, daß kaum noch jemand an ihr Überleben glaubt. Dennoch schafft sie es. Heute, mit sechs Monaten, ist sie ein gesundes fröhliches Baby, das längst zu Hause von der Mutter versorgt wird. Als ich eine Videoaufzeichnung aus ihren ersten Lebenstagen sehe, kann ich es kaum glauben, daß dies ein und dasselbe Kind ist: Damals ein zerbrechliches Wesen, das mehr an einen aus dem Nest gefallenen Vogel denken läßt als an einen rundlichen, voll ausgetragenen Säugling. Die Kleine liegt schlafend auf einer Seite, ihre Augen bewegen sich unruhig unter den Lidern. Es ist ein »aktiver« Schlaf, in dem sie sicher auch träumt. Tiefschlafphasen bilden sich mit einem ausgeglichenen Schlafrhythmus erst Monate später heraus. Jasmin scheint aufzuwachen. Ihr Mund öffnet sich zu einem intensiven Gähnen. Sie spreizt ihre streichholzfeinen Fingerchen, streckt die Beine und einen Arm, öffnet die Augen. Später verzieht sie den Mund schmerzlich, als wolle sie weinen. Das kann sie jedoch nicht. Der Tubus, der sie im Brutkasten mit Sauerstoff versorgt, hindert sie daran, irgendeinen Laut hervorzubringen. Zu Stummheit verdammt, ist sie darauf angewiesen, daß eine Schwester in der Nähe ist oder ihre Mutter, um sie mit liebevollem Streicheln zu beruhigen.

An Streicheleinheiten fehlt es einem anderen zu früh zur Welt gekommenen Baby ganz und gar nicht: Juan, zwei Monate vor dem errechneten Termin geboren, in Bogotá, in dem Entwicklungsland Kolumbien, dessen Ärzte mit ganz anderen Schwierigkeiten kämpfen müssen als bei uns. Der Kleine kann bereits, was viele Frühgeborene noch nicht schaffen: selbständig atmen. Er liegt auch nicht in der Neugeborenen-Intensivabteilung. Dort herrscht ein solcher Platzmangel, daß sich manchmal zwei Babys einen Inkubator teilen müssen. Juans dunkelhaariger Kopf schaut vorn aus dem Pullover seiner Mutter heraus. Sie trägt ihr nur mit einer Windel bekleidetes Baby an der Brust unter der Kleidung. Da hockt es wie ein Känguruh im mütterlichen Beutel. Seine Herztöne brauchen nicht überwacht zu werden: Die Mutter merkt jede, auch die kleinste Veränderung im Befinden und Verhalten ihres Kindes. Der kleine Juan lebt so ständig in einer engen Symbiose mit seiner Mutter, er fühlt ihren Körper, macht ihre Bewegungen passiv mit, hört ihren Herzschlag, bekommt viele Hautreize, kurz, er erhält Anregungen, Stimulationen, die denen ähnlich sind, die er im Mutterleib erleben würde. Er erlebt Geborgenheit.

Was auf den ersten Blick nur rührend und lieb aussieht, erweist sich bei längerer Beobachtung als sinnvoll für die Entwicklung der Kinder. In Bogotá, wo man mit dem Ansturm von Frühgeborenen, zum großen Teil aus den ärmsten sozialen Schichten, kaum fertig wurde, wo nicht genug technische Einrichtungen zur Verfügung standen, ging die Säuglingssterblichkeit stark zurück, nachdem man viele Frühgeborene den Müttern an die Brust gab. Was aus schlichter Not geboren war, zeigte sich als so nützlich, daß auch andernorts Ärzte aufmerksam wurden. Inzwischen versucht bereits eine Londoner Klinik, das Hammersmith Hospital, die für ein europäisches Land anwendbaren Lehren aus dem kolumbianischen Beispiel zu ziehen. So tragen die Säuglingsschwestern im Hammersmith Hospital manchmal eines der winzigen Babys in einem Tuch an der Brust, während sie ein anderes im Inkubator versorgen. Die »Frühchen« bekommen so viel Bewegungs- und Gleichgewichtsanregung. Einige Untersuchungen haben erwiesen, daß es bei Kindern, die mehr solche Anregungen erhalten haben, zu erheblich weniger Atempausen kommt – ein wichtiger Aspekt in der Frühgeborenenentwicklung.

Das Modell von Bogotá läßt sich trotz seiner Vorzüge für Kolumbien nicht unverändert in unsere Welt übertragen. Es zeigte sich, daß die den Müttern an die Brust gegebenen »Frühchen« häufig sehr lange unterernährt bleiben, weil sie noch zu schwach sind, um kräftig genug zu saugen. Solange nicht ausreichende Erfahrungen vorliegen, wird kein Arzt in Europa das Leben eines Frühgeborenen gefährden, indem er es vorzeitig aus der Intensivversorgung entläßt.

Aber an vielen Kliniken auch bei uns bemüht man sich, all die Deprivationen – den Mangel an den zur Entwicklung erforderlichen Reizen ebenso wie den Mangel an Geborgenheit –, denen ein Frühgeborenes ausgesetzt ist, möglichst gering zu halten. Darum kommen in Hamburg-Wandsbek die Mütter ihre Kinder täglich besuchen. Ich begegne einer Mutter, die mit erstaunlicher Geschicklichkeit ihr an Sonden und Schläuche angeschlossenes Baby im Brutkasten anzieht. Sogar ein Mützchen bekommt der Kleine aufgesetzt, bevor die Mutter ihn herausnimmt. So kann sie ihn in Ruhe stillen, auf dem Arm halten, ihn streicheln und zu ihm sprechen. Dr. Steidinger erzählt mir von einer Mutter, die ihrem Baby täglich stundenlang vorgelesen hat. Warum auch immer, dieses Kind hat sich besonders gut entwickelt, meint der Arzt.

Auch im Zürcher Uni-Spital haben die Mütter Tag und Nacht Zutritt zu ihren Babys. Professor

Babys, deren Eltern regelmäßig in die Frühgeborenenabteilung kommen, um ihre Kinder zu streicheln, zu ihnen zu sprechen, sie im Arm zu halten, machen schnellere Fortschritte, nehmen besser zu als alleingelassene.

Fast alle Eltern haben zunächst Angst, ihr zerbrechliches, zu früh geborenes Baby zu berühren. Nach den Finger- und Fußspitzen wagen sie erst nach und nach auch das Köpfchen und den Körper zu streicheln.

Duc hat erreicht, daß auch in der Intensivbetreuungseinheit seiner Abteilung soviel Platz ist, daß die Mütter nach der Entbindung mit ihren Betten hereingeschoben werden können, direkt neben den Brutkasten zu ihrem Baby. Viele haben zunächst Angst, wenn sie ihr zerbrechliches Kind sehen, das soviel kleiner ist, als sie es sich vorgestellt haben. Sie trauen sich dann zunächst nur, ein Füßchen oder die Fingerspitzen zu berühren. Erst nach und nach wagen sie es, das Kind auch am Körper und Köpfchen anzufassen und mit ihm zu sprechen. So kann mit der Zeit eine Bindung entstehen, die für das Kind lebenswichtig ist: Kinder, die viel von ihren Eltern besucht und »bemuttert« werden, erholen und entwickeln sich besser als alleingelassene.

Man wird sich fragen, was erlebt, was »kann« ein solches frühgeborenes Kind? Und wie entwickelt es sich – eigentlich ja noch ein Fötus, der vorzeitig in die Welt ausgestoßen wurde – außerhalb des Mutterleibs? Entsprechend seinem Reifegrad kann es erstaunlich viel. Es kann zum Beispiel am Daumen lutschen, Geschmacksreize unterscheiden, kann Arme und Beine strecken und beugen, es kann fühlen, ob es bewegt wird, es kann Hautreize wahrnehmen, Schmerzen ebenso wie liebevolle Berührung, es kann mit Schreien Mißbehagen und Schmerzen und mit seiner Mimik auch Wohlbehagen ausdrücken, es kann schlafen und träumen und auch wach sein. Es kann – früher als im Mutterleib – sehen, und es kann hören. Wahrscheinlich, das legen die neuesten Forschungen nahe, vermag das frühgeborene Kind sogar Sprache von Geräuschen zu unterscheiden. Sprache wird überwiegend von einer der beiden Hirnhälften, meist der linken, verarbeitet und vom rechten Ohr bevorzugt registriert. Der Hirnforscher Norman C. Nettleton aus Australien nimmt an, daß diese Asymmetrie des Gehirns, das heißt die Tatsache, daß jede Hirnhälfte sowohl unterschiedliche Strukturen als auch Funktionen hat, schon vor der Geburt vorhanden ist.

Die Sinne eines Frühgeborenen entwickeln

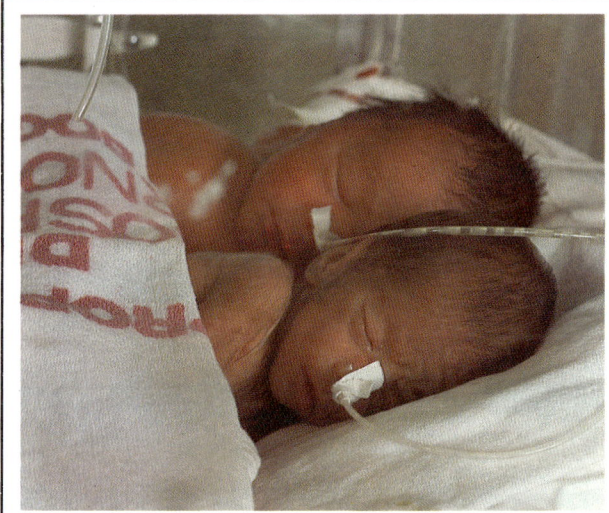

Geborgenheit für die Allerkleinsten

Manche frühgeborene Babys entwickeln sich besser, wenn die Säuglingsschwestern sie für einige Zeit am Tag in einem Tuch an der Brust tragen: Diese Beobachtung machte man im Londoner Hammersmith Hospital. Die zarten Babys, denen im Brutkasten außer Geborgenheit viele Anregungen fehlen, die sie im Mutterleib normalerweise erhalten hätten – Bewegungs- und Gleichgewichtsanregungen ebenso wie taktile Reize – bekommen so einen gewissen Ausgleich. Man folgte mit diesem Versuch dem Beispiel eines Entwicklungslandes: In Bogota (Kolumbien), wo Ärzte aus purer Not gezwungen waren, Babys zu zweit in einem Brutkasten zu pflegen (oben), erprobte man es zum ersten Mal, Frühgeborene der Mutter zur ständigen Fürsorge an die Brust zu geben. Der Erfolg war erstaunlich. Die Säuglingssterblichkeit ging zurück, Atempausen, die das Leben Frühgeborener gefährden, traten bei diesen in engem Körper- und Hautkontakt lebenden Kindern seltener auf.

Wenn ein Fötus von der Plazenta nicht mehr ausreichend mit Nahrung und Sauerstoff versorgt wird, muß der Arzt das Kind vorzeitig zur Welt bringen, damit es außerhalb des Mutterleibs die Chance hat, sich normal zu entwickeln.

sich dank der zahlreichen Reize, denen es ausgesetzt ist, schneller als im Mutterleib. Andererseits wird angenommen, daß die Überflutung mit unnatürlichen, negativen Reizen wie das relativ laute Summen im Brutkasten, helles Licht, häufige Schmerzerfahrung, ständige Unruhe durch die notwendigen medizinischen Maßnahmen auch zu Entwicklungsstörungen führt. Die Bewegungsfähigkeit eines frühgeborenen Kindes ist in der Regel eher verzögert, weil das Baby vorzeitig der Schwerkraft ausgesetzt und weil es an einem Mangel an Berührungs- und Bewegungsanregung leidet. Einen geringen Ausgleich versucht man dem Kind zu geben, indem man es nackt auf ein kleines, mit Lammfell bedecktes Wasserbettchen legt.

Was ist es, so fragen sich Eltern immer wieder, das diese Babys, die sich später zum größten Teil zu ganz gesunden Kindern entwickeln, veranlaßt, vorzeitig zur Welt zu kommen? Entsandt vor ihrer Zeit »in diese atmende Welt, halb fertig kaum«, wie Shakespeare König Richard III., auch ein Frühgeborener, sein Schicksal beklagen läßt.

Viele Faktoren spielen eine Rolle. Einige kristallisieren sich in allen westlichen Industrieländern als Hauptursachen heraus:
1.) Streß der Mutter, zum Beispiel familiäre oder materielle Probleme.
2.) Die Mutter hat mehrere Schwangerschaftsabbrüche hinter sich.
3.) Ihr letztes Kind ist bereits zu früh geboren.
4.) Sie ist Raucherin oder/und
5.) Alkoholikerin.
Außerdem spielen das Alter der Mutter, Bluthochdruck und vielleicht eine vorhandene Gewebeschwäche eine Rolle.

Die meisten der genannten Ursachen führen zu einer mangelnden Durchblutung des Mutterkuchens. Dadurch wird der Fötus nicht mehr ausreichend ernährt und mit Sauerstoff versorgt. In schweren Fällen muß der Arzt das Kind zur Welt bringen, auch wenn es spontan nicht zu einer Frühgeburt kommt. Das Kind wäre sonst

nicht nur unterernährt, sondern auch sein Gehirn könnte in einer empfindlichen Entwicklungsphase geschädigt werden. Meistens jedoch versucht man bei vorzeitigen Wehen, das Kind noch eine Weile »zurückzuhalten«, um Zeit zu gewinnen für eine wichtige Maßnahme: Die Reifung der Lunge läßt sich durch das Nebennierenrindenhormon Cortison fördern und beschleunigen. Den Einsatz von solchen Medikamenten muß der Arzt sorgfältig steuern, weil sie wie viele während der Spätschwangerschaft eingenommene Substanzen noch im Schulalter zu Verhaltensstörungen des Kindes führen können. Professor Dick Swaab aus Holland weist darauf hin, daß sogar Aspirin Spätwirkungen auf das kindliche Verhalten haben kann. Da die Behandlung eines Frühgeborenen vielerlei Medikamente erfordert, ist das Bemühen des Arztes, dem Kind mehr als das Leben zu retten, eine ständige Gratwanderung. Das wird verständlich, wenn man sich einmal verdeutlicht, in welchem Zustand das besonders bedrohte Gehirn in den letzten Schwangerschaftsmonaten ist und welchen Belastungen das noch sehr zarte Baby bei der Geburt ausgesetzt wird.

Das Gehirn des Frühgeborenen befindet sich in einem Entwicklungsstadium, in dem besonders zahlreich feinere Strukturen gebildet werden. Entlang einiger großer Zellen (Gliazellen), deren Fasern strahlenförmig von innen nach außen das heranwachsende Gehirn durchziehen, wandern Nervenzellen (Neuronen) wie Äffchen an einem Seil an den Ort ihrer Bestimmung. Man weiß noch nicht genau, wie sie ihren Weg finden, wahrscheinlich aufgrund chemischer Affinität einiger Zellen füreinander. Am Zielort angekommen, bilden sie feine Verästelungen, Dendriten, die jeweils auch wieder ihr Ziel suchen müssen: andere Zellaussprossungen, mit denen sie sogenannte synaptische (elektrochemische) Kontakte herstellen. Ein Teil der Fasern – man nennt sie afferent – ist dazu bestimmt, Signale aus Organen und von der Oberfläche des Körpers zu den entsprechenden Hirnzentren hinzuleiten, andere wiederum, die sogenannten efferenten Fasern, leiten Informationen aus dem Zentralnervensystem in die Muskeln. So werden oft ziemlich lange Verbindungswege hergestellt, und die »Vernetzung« des Gehirns wird immer dichter. Der Antrieb für all diese Vorgänge – die Wanderung der Neuronen und ihre Verästelung – ist auf der einen Seite das genetische Programm, auf der anderen Seite sind es die Anregungen, das heißt die Reize, die von der Umwelt ausgehen. Während des gesamten Vernetzungsvorgangs sterben zum Beispiel ungenutzte Zellen und Zellverbindungen ab, andere bilden sich neu. Sind die Umweltreize also negativ oder einfach zu wenige, wird das genetische Programm Störungen ausgesetzt, die seine Anpassungsfähigkeit übersteigen, dann bilden sich Strukturen, die ungünstig für ein späteres Verhalten sind, oder das Netzwerk dünnt sich aus, es verarmt und wird weniger leistungsfähig.

Für ein zu früh geborenes Kind können diese Tatsachen sowohl negative wie auch positive Folgen haben. Einerseits ist die normale Entwicklung durch viele Faktoren gefährdet, andererseits ist das Gehirn in diesem Stadium der Formbarkeit, der »Plastizität«, noch in der Lage, Störungen auszugleichen oder zu beheben.

Dabei spielt ein anderer, schon erwähnter Faktor eine große Rolle: die Durchblutung. Bei einem Fötus und einem gesunden Frühgeborenen wird das Gehirn stärker mit Blut versorgt als jeder andere Körperteil und auch stärker als bei einem älteren Kind oder Erwachsenen. (Was übrigens entgegen der allgemein herrschenden Meinung auch bedeutet, daß Schadstoffe und Gifte, z. B. Betäubungs- und Schmerzmittel, viel mehr auf das kindliche Gehirn einwirken als auf den Körper der Mutter.) Die Gefäße des unreifen Gehirns sind haarfein und zart. Daß sie soviel und so schnell Blut transportieren können, liegt daran, daß dieser »besondere Saft« anders beschaffen ist, noch »besonderer« sozusagen als bei uns: Die roten Blutkörperchen, die Erythrozyten, sind leichter verformbar, sie sind noch nicht

wie bei Erwachsenen zusammengeklumpt und fließen darum schneller, gerinnen aber auch schlechter. Jede Steigerung des Blutdrucks in den engen Äderchen – durch den Geburtsvorgang, durch Streß bei medizinischen Maßnahmen oder den Transport – kann jedoch gefährlich werden, zumal beim Frühgeborenen vor der 32. Woche die Eigenregulation des Blutzuflusses zum Gehirn noch nicht funktioniert.

Um ein Baby, das zu früh auf die Welt kommt, vor diesen Gefahren möglichst zu bewahren, wird es häufig mit einem Kaiserschnitt entbunden. Professor von Loewenich schilderte, daß Frühgeborene, die auf normalen Wegen geboren werden, oft mit Blutergüssen übersät sind. »Ein Erwachsener, der so aussieht, würde mit einem schweren Schock auf einer Intensivstation liegen«, meint der Arzt.

Aber auch bei der schonenden Geburt durch Kaiserschnitt erlebt das Baby, was für jedes Neugeborene ein Schock sein muß, den wir uns nur nie verdeutlichen: Mit dem Moment der Abnabelung muß es sich nicht nur über seine Lunge selbständig mit Sauerstoff versorgen, es muß auch eine fast vollständige Umkehrung seines gesamten Kreislaufs verkraften (siehe auch Seite 10/11). Im Mutterleib fließt das Blut an der noch nicht entfalteten Lunge durch den sogenannten Ductus Botalli vorbei. In den ersten Lebensstunden muß sich dieser Durchgang verschließen, damit das verbrauchte Blut, das vorher in der Plazenta aufgefrischt wurde, jetzt in die Lunge fließen und dort mit Sauerstoff angereichert werden kann. Bei Frühgeborenen bleibt dieser Durchgang häufig zu lange offen. Damit sind die Kreislauf- und Herzfunktionen und das Leben des Kindes gefährdet.

Es ist erstaunlich und kaum zu ermessen, daß so viele Babys wie die kleine Jasmin in Zürich überhaupt gerettet werden. Dem Fortschritt der Frühgeborenenmedizin der letzten Jahre verdanken wir, daß sie heute zu gesunden Kindern heranwachsen. Nichts an ihnen verrät die gefahrvollen Erlebnisse am Beginn ihres Lebens.

Das Gehirn des Frühgeborenen ist in einem Stadium intensiver Entwicklung: In dieser Phase der »Plastizität« – der Formbarkeit – ist es einerseits besonders gefährdet, andererseits aber auch in der Lage, Störungen auszugleichen.

Von dem Augenblick an, da das Neugeborene zur Welt kommt, beginnt seine Auseinandersetzung mit der Schwerkraft. Um die menschliche aufrechte Haltung und die spätere Harmonie freier Bewegung zu erreichen, muß es viele Entwicklungsschritte bewältigen: vom mühsamen Kopfheben über das Sitzen und Krabbeln zum Stehen. Das Kind braucht dabei Freiheit und Freiraum, um seinen Bewegungsdrang zu befriedigen. Es braucht aber ebenso die Sicherheit vermittelnde körperliche und emotionale Nähe der Eltern.

Wer möchte nicht manchmal ein Vogel sein. Der Traum vom Fliegen, vom genußvollen Dahinschweben ist so alt wie die Menschheit. Tänzer scheinen ihn manchmal zu verwirklichen. Von dem berühmten Russen Waslaw Nijinskij heißt es, er tanzte mit solcher Leichtigkeit, daß »er die Bühne während des ganzen Abends nicht öfter als zehnmal zu berühren schien«. »Er hatte seinen Körper instinktiv und mühelos unter Kontrolle... Er überquerte die Bühne mit so schmachtenden Sprüngen, daß er von einer Brise getragen schien.«[18] Von der Tänzerin Vera Trefilowa berichtet ein Zuschauer: Sie konnte »in einer wunderbaren und vollkommenen *arabesque* auf einer Spitze stehen, so lange sie wollte...«[19] Und über den ersten Auftritt der legendären Anna Pawlowa in Paris schreibt Michail Fokin: Sie »schien ein transparentes, schwereloses Geschöpf zu sein, ganz Geist, ein Märchenwesen«.[20]

Scheinbare Schwerelosigkeit ist das Geheimnis aller dieser Künstler. Oder besser: eine so vollkommene Beherrschung von Bewegung und Gleichgewicht, daß es für den Zuschauer so aussieht, als würde die Erdanziehung überwunden. Ein Kind, das gerade geboren wurde, ist von solcher Perfektion weit entfernt. Betrachten wir einmal, welchen Entwicklungsweg es zurücklegen muß, um die spezifisch menschliche Fähigkeit zu erwerben, einfach nur aufrecht zu gehen und sich harmonisch bewegen zu können. Zunächst erstaunlich: Es sieht so aus, als hätte es

mit seiner Geburt eher einen Schritt zurück als nach vorne getan. Denn es hatte ja schon einmal, im Fruchtwasser schwebend, gezeigt, wie graziös und anmutig es sich bewegen konnte, bevor die Schwerkraft draußen es nun wie ein starker Magnet auf seine Unterlage preßte. Allerdings bleibt es dabei noch gebeugt, so wie es monatelang im Mutterleib gelebt hat.[21] Mit seinem Kopf kann es *im ersten Monat* noch nicht viel mehr tun, als ihn zur Seite fallen zu lassen. Wenn es auf dem Rücken liegt, hält es die Arme meist angewinkelt. Auch die Beine, die aus der Hüfte nach außen fallen, sind meist leicht gebeugt (siehe Foto Seite 57 oben). Wenn das Baby den Kopf dreht, folgt sein ganzer Körper. Auf dem Bauch sieht es ähnlich aus, eine hilflose Krabbe: Die Arme und Beine sind angewinkelt – oft unter dem Körper. Manchmal streckt sich das Baby und befreit so seine Beine. Hin und wieder gelingt es ihm schon, den Kopf kurz anzuheben und auf die andere Seite zu legen. Nur wenn er schläft, liegt dieser Knirps ganz still, sonst strampelt er mehr oder weniger kräftig. Er macht Kriechbewegungen, die besonders deutlich zu erkennen sind, wenn man ein wenig gegen seine Fußsohlen drückt. Dann versucht er, sich regelrecht nach vorn zu schieben. Wir haben schon im zweiten Kapitel über die spätere Fähigkeiten vorbereitenden Schreit- und Steigbewegungen des Neugeborenen berichtet. Auch mit den ersten Kriechbewegungen bereitet es sich schon auf das Krabbeln und Gehen vor: Es macht abwechselnde Bewegungen mit ebenfalls alternie-

Die spezifisch menschliche Fähigkeit des aufrechten Gangs erfordert im Lauf des ersten Lebensjahrs viele fein aufeinander abgestimmte Entwicklungsschritte. Das immer mehr ineinandergreifende Zusammenspiel der Sinne ist dabei genauso wichtig wie die zunehmende Fähigkeit, Muskeln und Gelenke einzusetzen.

Ein gesundes Kind ist vom Zeitpunkt der Geburt an unablässig damit beschäftigt, jede kleinste Neuerrungenschaft zu üben. Je besser sie »sitzt«, desto harmonischer kann es den nächsten Fortschritt erreichen.

rendem Druck oder Gewichtsverlagerung. Das aufrechte Gehen später ist eine so komplizierte Leistung im Zusammenspiel von Muskeln, Gleichgewicht und anderen Sinneswahrnehmungen, daß es offenbar notwendig ist, nach der Geburt unverzüglich mit dem Üben zu beginnen.

Das gilt im Grunde für alle lebenswichtigen Fähigkeiten. Eltern brauchen nur hinzuschauen: Ein gesundes Kind ist fast unablässig damit beschäftigt zu üben. Zunächst sieht vieles zufällig und ungezielt aus. Aber bald kann man erkennen, mit welchem Vergnügen ein einmal scheinbar »aus Versehen« gelungener Versuch wiederholt und wieder und wieder ausgeführt wird.

Immer häufiger schafft das Kind im Verlauf der ersten Wochen, daß sein Kopf nicht mehr zur Seite fällt, sondern in der Mitte bleibt, wenn es auf dem Rücken liegt. Zieht der Arzt oder die Mutter es aus dieser Lage zum Sitzen hoch, dann hängt der Kopf allerdings schwer nach hinten (S. 57 Mitte). Nach vorn fällt er, wenn das Baby ganz zum Sitzen aufgerichtet ist. Bei guter Rumpfstützung kann es ihn aber schon kurz anheben. Hält man das Baby fest unter den Achseln und stellt es fest auf eine Unterlage, dann streckt es häufig seine Beine ganz steif, manchmal sogar den ganzen Körper – allerdings nur über eine kurze Zeit: Danach sackt es wieder zusammen.

Der zweite Monat beginnt, und das Baby zeigt bereits viel kräftigere, lebhaftere Bewegungen: Es strampelt sozusagen nachdrücklicher als vorher, meist abwechselnd, manchmal auch mit beiden Beinen gleichzeitig. Auf dem Bauch liegt es meist noch in seiner Beugehaltung, aber nicht mehr so stark gekrümmt. Es kann den Kopf aus dieser Lage nun schon einige Sekunden bis zu 45 Grad anheben. Dabei stützt es sich, ziemlich wackelig noch, auf seine Unterarme. Seine Beine sind in den Hüften leicht gebeugt und fallen ein wenig nach außen. In der Rückenlage hält es Arme und Beine noch angewinkelt. Zieht man es hoch, kommt der Kopf jetzt schon viel besser mit und fällt im Sitzen nicht mehr so schlaff nach

vorn (S. 57 unten). Immer häufiger schafft es das Kind, ihn gerade zu halten. Auch in anderen Positionen versucht es, ihn oben zu behalten. Man nennt das Stellreaktion: Durch aufrechtes Einstellen im Raum wird dabei die Schwerkraft überwunden. Die anfangs meist fest geschlossenen Fäustchen sind jetzt lockerer geworden. Sie öffnen sich häufiger, auch zum Greifen, lassen dann aber den ergriffenen Gegenstand nicht wieder los.

Der dritte Monat bringt dem Kind eine ganz neue Bewegungsfähigkeit. Wenn es sich auf die Seite dreht, wird der Körper nicht mehr steif wie eine Walze mit dem Kopf zusammen bewegt, sondern – unvollkommen allerdings noch – in einzelnen Bereichen nach und nach: zuerst der Kopf, dann ein Bein und die Hüfte und schließlich Arm, Schulter und der ganze Rumpf. »Rotation« nennt der Kinderarzt diese jetzt beginnende verschobene Drehung zwischen Schultergürtel und Hüften. Dieser Vorgang zeigt, daß das Kind jetzt eine größere Freiheit in seinen Bewegungsmöglichkeiten erhält: Es kann einzelne Gliedmaßen schon für sich bewegen, ohne daß der ganze Körper wie beim Neugeborenen miteinbezogen wird. Das bedeutet auch, daß das drei Monate alte Kind seine Hände besser zum Spielen benutzen kann: Wenn man ihm eine Klapper hinhält, versucht es, wenn auch unkoordiniert, sie zu fassen und steckt sie dann in den Mund. Im Liegen streckt sich das Baby mehr und mehr. Wenn man es zum Sitzen hochzieht, nimmt es den Kopf mit (S. 60). Der wackelt allerdings in der aufrechten Position immer noch ein wenig, wird aber bereits viel besser – eine halbe Minute lang – gehalten. Das gleiche gilt, wenn das Kind unter den Achseln im Stehen unterstützt wird. Dabei drückt es die Beine in den Knien durch, der Rumpf streckt sich. Diese Streckung hält aber nur kurz an. Meist hat es in dieser Position die Beine in den Knien und den Hüften gebeugt. Aus der Bauchlage heraus hebt es den Kopf schon etwas besser an als im Monat davor: bis über 45 Grad. Er ist aber noch so schwer, daß er das Baby manchmal aus der Bauchlage zu einer Seite kippen läßt. Seine Unterarme tragen es noch nicht sicher.

Im vierten Monat wird der Kopf nun bis zu fast 90 Grad angehoben (Seite 58/59). So kann sich das Baby viel besser umschauen als bisher. Es beginnt jetzt gelegentlich mit richtigen Kriechbewegungen. Manchmal streckt es die Beine und Arme so von sich in die Luft, daß es aussieht, als schwimme es. Wenn man es aus der Rückenlage hochzieht, hilft es kräftig mit. Im Sitzen macht es noch einen Rundrücken, sein Rumpf ist nicht stabil genug, um gerade zu sitzen. Der Kopf wird jetzt dagegen sowohl im Sitzen als auch im Stehen (wenn man das Kind unter den Achseln stützt) gut gehalten. Das Baby stellt ihn aufrecht ein, wenn man es zur Seite neigt. Die Hände sind in dieser Zeit sein liebstes Spielzeug. Es steckt sie zielbewußt in den Mund, mit oder ohne irgendeinen Gegenstand. »Begreifen« lernt es so über Hände und Mund. Immer noch läßt das Kind nicht los, was man ihm gibt, es sei denn unabsichtlich. Aufmerksam betrachtet es seine Hände und die Dinge, die es festhält.

Im fünften Monat kann sich das Baby vom Bauch auf den Rücken und vom Rücken auch schon hin und wieder auf den Bauch drehen. Es stützt sich gut auf seine Unterarme und streckt manchmal einen Arm nach vorn. Beim Hochziehen aus der Rückenlage krümmt es seinen ganzen Körper, zieht den Kopf nach vorn, so als wolle es mithelfen. Stellt man es auf, stützt es sein Körpergewicht schon kurz auf die Unterlage, es beginnt ein wenig zu wippen. Das Sitzen gelingt mit größerer Stabilität als im Monat davor, obwohl der Rücken immer noch ein wenig gerundet ist. Auf dem Rücken liegend, kann das Baby jetzt mit beiden Händen nach einem Gegenstand fassen und ihn berühren. Wenn es nur mit seinen Händen spielt, bringt es sie in der Mitte über seinem Körper zusammen. Die Hände sind jetzt häufig offen.

Im sechsten Monat liegt das Kind nicht mehr so gern auf dem Rücken. Es spielt mit seinen Füßen, betastet seinen Körper und kann den Kopf anheben. Manchmal hebt es den Rücken, so als wolle es eine »Brücke« machen. Mühelos dreht es sich jetzt über die Seite auf den Bauch, stützt sich mit gestreckten Armen auf und hält den Kopf gerade in der Mitte. Bei seinen »Schwimmübungen« zeigt es schon ein ganz gutes Gleichgewicht. Das kommt ihm auch beim Sitzen zugute. Wenn man es hochzieht, wobei es kräftig mithilft, läßt es sich nur ungern wieder hinlegen. Es kann aber noch nicht frei sitzen. Manchmal stützt es sich mit den Händen nach vorn ab. Seine Kopfkontrolle ist so gut, daß es jede Neigung seines Rumpfs ausgleichen kann. Beim Aufstellen wippt es. Nach einem Spielzeug greift es zielstrebig mit der ganzen Handfläche. Es wechselt einen Gegenstand von einer Hand zur anderen. Das heißt: Es hat jetzt bewußt loslassen gelernt und damit den Greifreflex, den wir beim Neugeborenen beobachtet haben, überwunden. Es kann seine Umwelt besser erkunden. Seine Neugier treibt es, alle seine neuerrungenen Fähigkeiten zu verbessern. Seine Hände »arbeiten« in guter Übereinstimmung mit den Augen: Hand-Augen-Koordination nennt man das. Insgesamt hat das Baby in diesem Monat einen großen Schritt nach vorn getan.

Im siebten Monat spielt es gern mit seinen Füßen und zieht sie zum Mund: Es kann seine Hüfte also stark beugen. Normalerweise bleibt es nicht lange auf dem Rücken (S. 54/55): Aktiv kann es sich mit einer Schraubbewegung zwischen Becken und Schultergürtel auf den Bauch drehen. In den vergangenen Monaten bestand sein Umdrehen noch mehr in einem Umkippen. Es richtet sich mit aufgestützten Armen weit auf und zieht dabei manchmal die Beine unter den Bauch: Es versucht, zu rollen und sogar zu kriechen. Im Sitzen kann es sich gut nach vorn abstützen. Stellt man es auf, wippt es federnd und übernimmt für Augenblicke sein gesamtes Gewicht. Die Gleichgewichtsreaktionen verbessern sich spürbar. Das Greifen gelingt schon mit beiden Händen gleichzeitig. Gegenstände fallen

»Begreifen« lernt das Kind über die Hände und den Mund: Jedes Spielzeug, jeder Gegenstand, den die Hände ergreifen, wird sofort zum Mund geführt und ertastet, dann aber auch ausgiebig betrachtet und hin und her gewendet.

Einen Gegenstand nicht nur festhalten, sondern auch loslassen zu können, ist eine besondere Errungenschaft des sechsten Monats. Sie zeigt, daß der frühe Greifreflex überwunden ist und höheren Fähigkeiten, mit den Händen umzugehen, Platz gemacht hat.

nicht mehr so zufällig aus der Hand wie vorher. Sie werden wieder aufgehoben. Das Baby sucht nach einem herunter gefallenen Spielzeug, neigt Kopf und Oberkörper nach unten in die Richtung, in der es den Gegenstand vermutet.

Im achten Monat ist der Drang, sich fortzubewegen, so groß, daß das Baby immer wieder in Krabbelposition zu gehen versucht und es hin und wieder schafft, ein wenig unsicher allerdings, voranzukommen. In der Regel gelingt aber weder Robben noch Krabbeln richtig. Dafür rollt sich das Kind um seine eigene Achse und bewegt sich so vom Fleck. Wenn man ihm die Finger hinhält, zieht es sich daran selbständig zum Sitzen hoch. Sitzt es einmal, hält es sich schon ziemlich gerade, es stützt sich nach vorn und nach der Seite ab. Sogar zum Stehen zieht es sich, wenn es schon stabil genug ist, gelegentlich hoch. Während es sich selber festhält oder festgehalten wird, wippt es. Noch hindert es der Fußgreifreflex, die Füße platt aufzustellen. Auch sein Gleichgewicht reicht noch nicht aus, um richtig zu stehen. Mit dem Krabbeln erreicht es »Fortschritte«. Meistens ist es dabei noch unsicher, es fehlt in dieser Position noch die zu geschicktem Krabbeln notwendige Rotation. Wenn sie jedoch gelegentlich erreicht wird, kann sich das Kind zwischendurch auf die Seite aufsetzen. Es ist jetzt ständig in Bewegung und erkundet seine Umgebung. Die Kopfkontrolle ist fast perfekt. Das Baby stellt aus allen möglichen Positionen den Kopf senkrecht im Raum ein.

Im neunten Monat robben viele Babys, indem sie sich in der Bauchlage auf die Unterarme stützen und den Körper dabei nach vorne ziehen. In den Vierfüßlerstand kommen sie aus dem Sitzen oder Stehen und krabbeln dann oft recht geschickt mit Rotation. Das Sitzen gelingt nun schon ganz ohne Hilfe. Wenn das Baby sein Gleichgewicht verliert, reagiert es mit einer Gegenbewegung oder es stützt sich ab, sogar nach hinten. Immer häufiger zieht es sich an Gegenständen hoch. Es belastet jetzt seine ganzen Fußsohlen und steht dadurch sicherer. Wenn man es

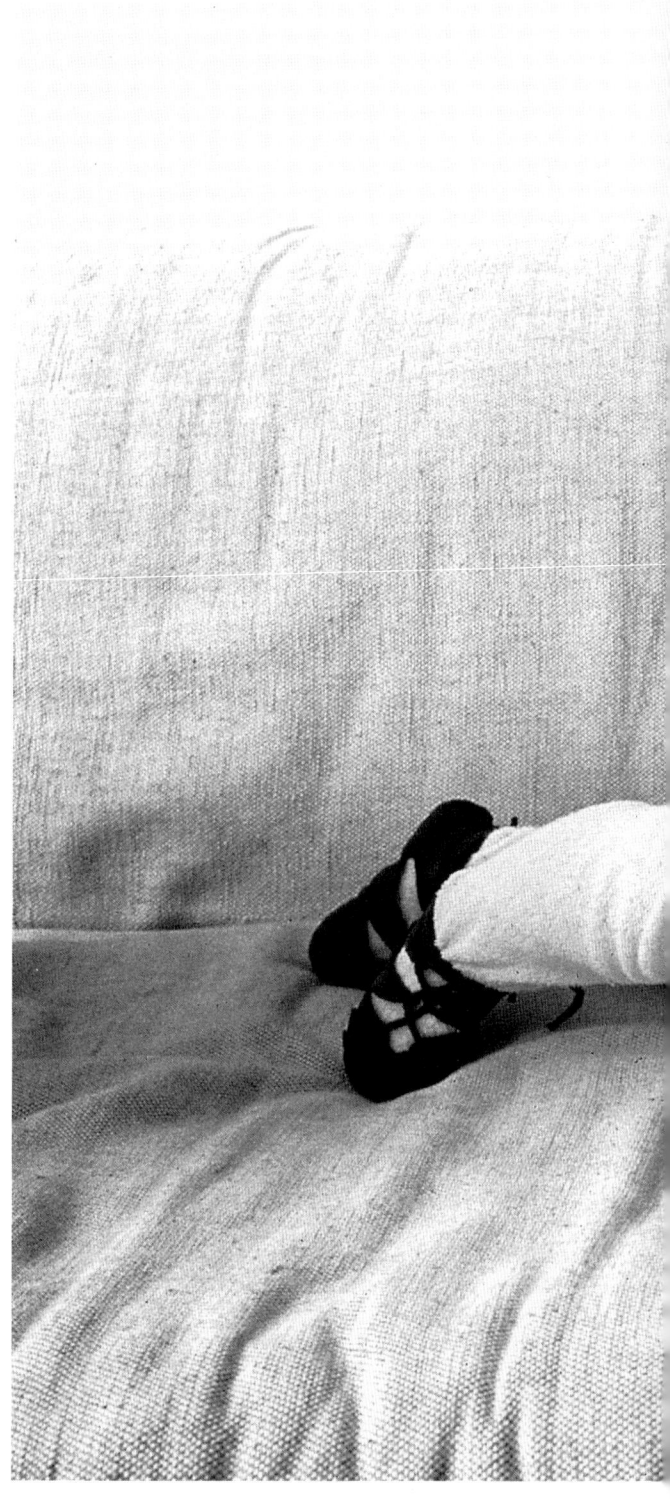

Eine Gegendrehung (Rotation) zwischen Hüften und Schultern auszuführen und dabei den Kopf möglichst senkrecht im Raum einzustellen ist bereits eine sehr komplexe Leistung. Dem acht Monate alten Nicolaus macht sie keine Schwierigkeiten mehr. Was er hier zeigt, ist eine notwendige Vorstufe, um krabbeln, sich aufrichten und später auch laufen zu lernen.

Am Ende des ersten Lebensjahrs hat das Kind im Kampf gegen die Schwerkraft gewaltige Fortschritte gemacht. Es kann sich bereits relativ frei fortbewegen, gewinnt dadurch eine neue Vorstellung vom Raum und kann geschickt auch mit sehr kleinen Gegenständen umgehen.

hält, macht es auch mal einen Schritt zur Seite. Weiterhin wippt es gern und läßt sich aus dem Stand zum Krabbeln herunter. Das Greifen verfeinert sich. Kleine Gegenstände faßt es zwischen Daumen und Zeigefinger: aber nicht mehr flach, sondern mit dem sogenannten Kneifzangengriff.

Insgesamt werden die Bewegungen harmonischer: Die Übergänge, das heißt die Zwischenstufen zwischen einzelnen Bewegungen sind feiner und ausgeglichener.

Im zehnten Monat setzt sich das Kind selbständig auf: Aus der Bauchlage, in der es sich oft auf Knie und Hände aufstützt, richtet es sich über die Seite auf. Es zieht sich auch zum Stehen an Gegenständen hoch und geht seitlich an ihnen entlang. Gelegentlich läßt es sich auch schon los. Aus dem Stand, aber auch aus dem Sitzen, geht es gern in den Vierfüßlerstand und krabbelt mit erstaunlicher Geschwindigkeit und Geschicklichkeit. Es beherrscht, außer im Stehen, sein Gleichgewicht recht gut, stützt sich geschickt ab, wenn es umkippt. Mit dem Greifen hat es große Fortschritte gemacht. Die geöffneten Hände sind für feinere Fähigkeiten bereit. Schmale, kleine Objekte nimmt es zwischen Daumen und Zeigefinger (im Kneifzangengriff). Das Wechseln von einer Hand in die andere macht überhaupt keine Schwierigkeiten mehr. Es spielt gut koordiniert mit beiden Händen. Spielzeug kann es inzwischen bewußt loslassen. Es spielt auch gern, indem es einen Gegenstand runter- oder wegwirft und ihn von einem Erwachsenen aufheben läßt. Es kann winzige Dinge, wie Holzperlen, aus einem Behälter holen und sie wieder zurücklegen.

Insgesamt ist dieses Alter »die Zwischenstufe von der Horizontalen in die noch instabile Vertikale«, schreibt die Kinderneurologin Inge Flehmig in ihrem Buch über die Entwicklung des Säuglings.[22]

Im elften Monat wird verfeinert und vervollkommnet, was das Kind bis dahin kann. Seine Koordination beim Krabbeln – linker Arm, rechtes Bein; rechter Arm, linkes Bein – ist wesentlich perfekter geworden. Auch das Gleichgewicht im Sitzen ist noch selbstverständlicher: Das Baby sitzt mit geradem Rücken und gestreckten Beinen und ist gar nicht so leicht umzuwerfen, nicht einmal, wenn man seine Beine ein wenig hochhebt. Es möchte nun mehr und mehr laufen, braucht aber dazu noch den Halt der elterlichen Hände.

Der zwölfte Monat schließlich bringt die ersten Schritte an einer Hand. Allerdings sind sie noch recht wackelig. Stehen kann das Kind jetzt schon für kurze Zeit ganz allein. Aber es verliert schnell das Gleichgewicht. Wenn es sich hinsetzt, plumpst es nicht mehr ungeschickt, sondern schafft es, sich mit guten Bewegungszwischenstufen niederzulassen. Das Greifen verbessert sich immer weiter. Jetzt kann das Kind einem Erwachsenen ganz gezielt ein Spielzeug in die Hand geben. Es macht ihm Spaß, kleine Dinge, Kugeln oder Klötzchen, in eine enge Öffnung (zum Beispiel einer Flasche) fallen zu lassen.

Am Ende des ersten Jahres hat es nicht nur eine beträchtliche Geschicklichkeit im Umgang mit Gegenständen, sondern auch eine gewisse Unabhängigkeit in der Fortbewegung erreicht, die sich aber erst im Laufe der nächsten Monate vervollkommnet. Es lernt jetzt ungeheuer schnell.

Von der anfangs beschriebenen, fast schwerelosen Leichtigkeit des Tänzers ist unser Einjähriges noch weit entfernt. Aber verglichen mit seiner Hilflosigkeit der ersten Lebenstage hat es im Kampf gegen die Schwerkraft gewaltige Fortschritte gemacht: Eine der wichtigsten menschlichen Fähigkeiten, der aufrechte Gang, ist fast erreicht.

Der soeben geschilderte Ablauf der Bewegungsentwicklung ist nicht mehr als ein grobes Durchschnittsschema. Viele völlig gesunde Kinder erreichen bestimmte Fähigkeiten um Wochen oder Monate früher oder später als hier angegeben. Genetische und kulturelle Voraus-

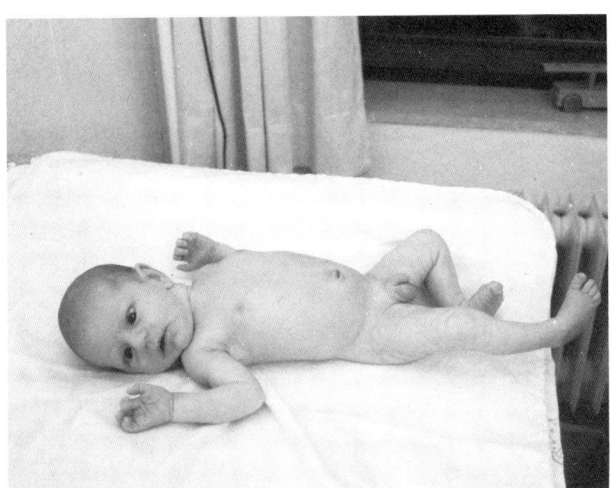

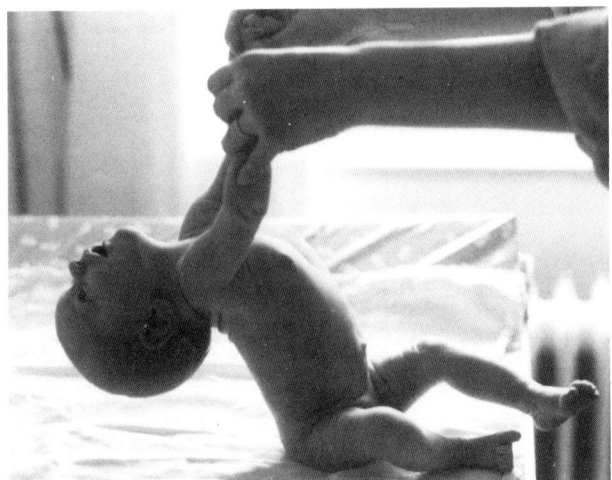

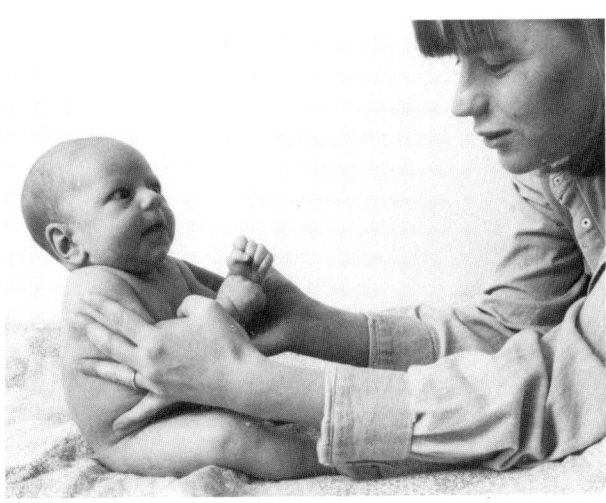

setzungen spielen dabei eine große Rolle. So gibt es von Land zu Land unterschiedliche Durchschnittsergebnisse. Kinder, die – wie in afrikanischen Ländern – von Anfang an am Körper der Mutter getragen werden, haben z. B. früher eine gute Kopfkontrolle und überhaupt im ersten Lebensjahr eine raschere motorische Entwicklung als Kinder der westlichen Zivilisation. Auch bei uns zeigen sich Veränderungen, seit sich bestimmte Sitten im Umgang mit Babys geändert haben: Seit man sie weniger als zu Großmutters Zeiten allein in ihrem Bettchen liegen läßt, seit Mütter und Väter auch schon ganz kleine Säuglinge im Stoffsitz am Körper tragen und seit man Babys überhaupt mehr Bewegungsfreiheit einräumt, haben sich die Zeiten für bestimmte Entwicklungsschritte geändert. Aber nach wie vor gilt: Man muß jedem Kind seinen Entwicklungsspielraum einräumen, es also nicht einfach am Durchschnitt messen. So geben zum Beispiel die weltweit benutzten »Bayley Entwicklungsskalen«[23] (»Bayley Scales of Infant Development«) für bestimmte »Schritte« große Zeitspielräume in der »normalen« Entwicklung an. Danach lernt das Kind zwischen 2 und 7 Monaten, sich vom Rücken zur Seite zu drehen; zwischen 4 und 8 Monaten, kurz allein zu sitzen; zwischen 5 und 9 Monaten, sicher allein zu sitzen; zwischen 5 und 10 Monaten, sich zum Stehen hochzuziehen; zwischen 9 und 16 Monaten, allein zu stehen; zwischen 7 und 12 Monaten, mit Hilfe zu laufen. Und nach den für Deutschland von Inge Flehmig standardisierten Denver-Entwicklungsskalen[24] lernt es zwischen 7 und 9 Monaten ohne Hilfe sitzen; zwischen 8 und 11 Monaten, sich zum Stehen hochzuziehen; zwischen 7 und 10½ Monaten, mit Festhalten zu stehen; zwischen 11½ und 16 Monaten allein zu stehen; und zwischen 8½ und 12 Monaten an Möbeln entlang zu laufen.

Zwischen Amerika und Deutschland zeigen sich in den angegebenen Zeiten also bereits erhebliche Unterschiede. Da die Standardisierung der Denverskalen für Deutschland bereits einige

Ein Neugeborenes wirkt hilflos, wie es platt auf dem Rücken liegt: die Arme leicht angewinkelt, die Beine meist gebeugt und in der Hüfte auseinanderfallend. Mit dem Kopf kann es in dieser Lage noch nicht viel mehr tun, als ihn zur Seite rollen zu lassen (oben). Wenn man das Baby an den Händen hochzieht, hängt sein Kopf schlaff nach hinten (Mitte). Im Sitzen fällt er nach vorn. Einige Wochen später ist das Kind bereits in der Lage, ihn eine Zeitlang obenzubehalten, wenn man es zum Sitzen aufrichtet (unten).

Nicolaus, vier Monate alt, scheint stolz zu sein auf seine neu errungene Fähigkeit, den Kopf aus der Bauchlage ganz (bis zu 90 Grad) hochzuheben. In dieser Position hat er eine andere Übersicht über seine Umwelt als bisher. Er beginnt schon, sich – allerdings noch mit geschlossenen Fäustchen – auf seine Unterarme zu stützen, was er einen Monat später schon sehr viel besser kann. Gelegentlich streckt Nicolaus aus dieser Lage heraus auch Beine und Arme in die Luft, als wolle er schwimmen.

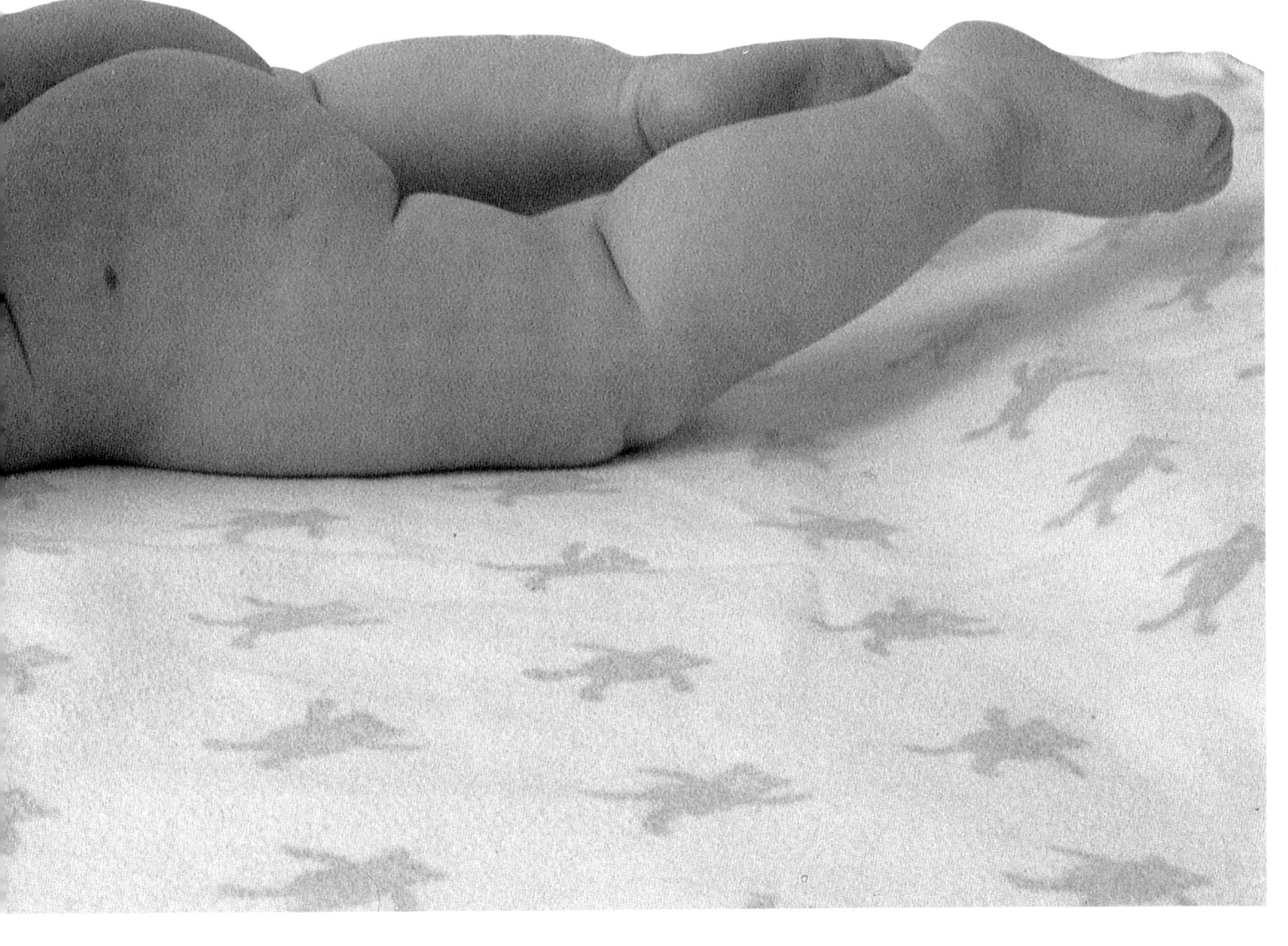

Im vierten, fünften und sechsten Monat ist ein Baby so kräftig, daß es beim Hochziehen spürbar mithilft, seinen ganzen Körper anspannt und den Kopf mitnimmt. Wenn es einmal zum Sitzen aufgerichtet ist, läßt es sich nur ungern wieder hinlegen. Es kann aber noch nicht frei sitzen. Seine Kopfkontrolle ist jetzt so gut, daß es jede Neigung des Rumpfs ausgleichen kann: Der Kopf bleibt immer oben.

Jahre zurückliegt, dürften bei einer Neustandardisierung heute schon wieder zeitlich leicht verschobene Daten zu erwarten sein.

Jeder Ergeiz, diese Entwicklung zu beschleunigen, ein Baby anzutreiben, eher zu sitzen oder zu laufen, ist nicht nur sinnlos, sondern schädlich. Erst wenn eine bestimmte Qualität eines Entwicklungsschritts erreicht ist, kann der nächste darauf aufbauen. Es genügt nicht, zu konstatieren: Was macht das Kind? Es ist auch notwendig, in Betracht zu ziehen: *Wie* macht es etwas? Wie harmonisch ist ein Bewegungsablauf? Wie weit wird er in alle anderen Verhaltensbereiche des Kindes, seine Wahrnehmung, sein Sozialverhalten, seine Gefühlsäußerungen einbezogen? Oder umgekehrt, wie werden Wahrnehmungen – Sehen, Hören, Tasten, Tiefensensibilität, Gleichgewicht –, emotionales und soziales Verhalten in die Bewegungsvorgänge integriert?

Bewegung als Einzelphänomen isoliert gibt es gar nicht. Um sie auszulösen, zu motivieren und zu steuern, ist Wahrnehmung erforderlich. Und auch kognitive Fähigkeiten sind notwendig, um Bewegung mit einer Absicht (Intention) zu versehen. Auch Gefühle, zum Beispiel das der Geborgenheit und des Vertrauens in die Bindung zu den Eltern, spielen eine wichtige Rolle, wenn es darum geht, ohne Angst die Welt zu erkunden. Diese Komplexheit, dieses Zusammenspiel verschiedener, sich gegenseitig bedingender Komponenten macht den Unterschied zum reinen Reflexverhalten aus.

Daß die Umwelt, das emotionale Klima, Vertrauen und Geborgenheit, daß aber auch das Anregungs- und Spielangebot durch die Eltern dabei eine wesentliche Rolle spielen, liegt auf der Hand. Doch es gibt auf der anderen Seite auch das von der Natur vorgesehene Programm, das ganz bestimmten Grundregeln folgt, das nichts überspringt und das auch einem gewissen Zeitplan unterworfen ist.

Noch einmal: Eltern sollten sich darum als fördernd, als ermöglichend, als auf die Appelle ihres Kindes antwortend verstehen, nicht aber

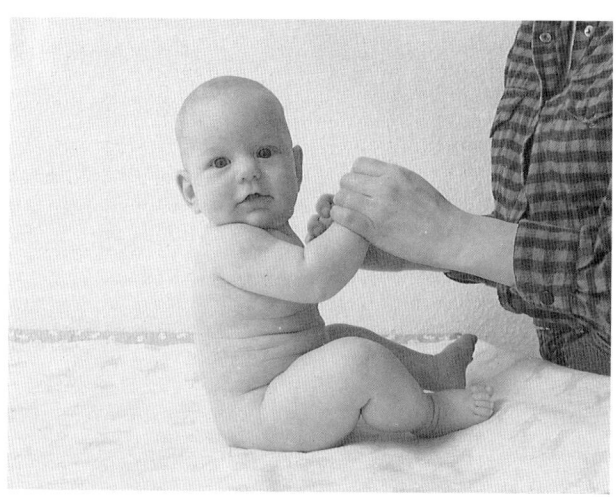

als drängend, die Entwicklung vorwärtstreibend. Eingriffe in natürliche Reifungs- und Erfahrungsabläufe können hinderlich und sogar gefährlich sein. Ein Beispiel soll uns das vor Augen führen. Linda Smolak schildert es in ihrem 1986 in Amerika erschienenen Buch *Infancy* (»Kindheit«)[25]: Es geht ums Laufen. Viele Eltern möchten ihre Kinder schon früh dazu ermuntern. Sie setzen oder stellen sie in Laufstühlchen oder an der Decke angebrachte Hopser. Diese Laufstühlchen geben dem Kind die Möglichkeit, sich in aufrechter Haltung zu bewegen, lange bevor sie eigentlich zu freiem Laufen fähig sind. Die Gestelle machen vielen Eltern großes Vergnügen, obwohl durch nichts bewiesen ist, daß sie die Bewegungsentwicklung ihres Babys fördern. Im Gegenteil.

Zunächst einmal: Die Geräte sind nicht ganz harmlos, weil dem Baby damit eher etwas passieren kann, als wenn es krabbelt. Seine Fontanelle ist noch nicht geschlossen, wie später im echten Laufalter.

Zweitens habe sich erwiesen, daß beim sehr ausgiebigen Gebrauch dieser Laufstühlchen und Hopser, schreibt Linda Smolak, das frühe Reflexverhalten der Babys ganz besonders langsam verschwindet. Der Greifreflex zum Beispiel wird nicht von neuen erforderlichen Reaktionen ersetzt: Um sich beim Fallen abstützen zu können, muß das Kind die Hand öffnen. Besteht der Neugeborenen-Greifreflex zu lange, wird das nicht gelernt. Ebenso werden feinmotorische Fähigkeiten behindert.

Drittens scheinen Babys, die stundenlang in solchen Geräten sitzen (stehen), entgegen den Erwartungen einen schlechteren Gleichgewichtssinn zu haben als frei herumkrabbelnde Altersgenossen. Sie halten zudem die Beine in unnatürlicher Außendrehung.

Im übrigen behindern die Geräte auch die sensorische und kognitive Entwicklung. Die Babys können sich nicht, wie am Boden spielende Kinder, Dingen zuwenden und mit ihnen ihre Erfahrungen sammeln.

Und weiterhin werden sie daran gehindert, alle beim Krabbeln integrierten Bewegungsabläufe und Muskeln zu üben.

Letztlich ist es also, das soll dieses Beispiel vor allem zeigen, sinnvoll und wichtig, das Kind in seiner natürlichen Bewegungsentwicklung nicht einzuschränken, indem man einige Fähigkeiten besonders zu fördern glaubt. Sicher schadet es nichts, ein Baby hin und wieder in den Hopser oder das Laufstühlchen zu setzen. Aber jede Übertreibung ist zweifellos ein Eingriff in die natürliche Entwicklung. Diese hängt, vergessen wir es nicht, auch mit der Reifung des Gehirns zusammen. Die Reifung des Gehirns ist wiederum für Umwelteinflüsse empfänglich. Feine Regulationsmechanismen, vor allem die des Muskeltonus (der Muskelspannung) bestimmen nicht nur einzelne Bewegungsabläufe, sondern auch die gesamte motorische Entwicklung: »Hemmung tiefliegender Hirnzentren und Stimulation höher integrierter Zentren durch fein abgestufte Regulationen und Gegenreaktionen, sich immer gegenseitig beeinflussend«, schreibt Inge Flehmig.[26] Sie fährt fort: »Dabei ist keine Stufe ohne die vorhergehende erreichbar. So kann ein genetisch eingeprägtes Muster zusammen mit den Reizen der Umwelt, die diese Entwicklung teils hemmen, teils bahnen, zur vollen Entfaltung gelangen.« Je weiter ein Organismus entwickelt sei (und der Mensch ist der am weitesten entwickelte Organismus), erklärt die Kinderneurologin, desto vielfältiger seien seine Reaktionen, aber desto störbarer sei auch das Gesamtsystem. Dabei fließe in jede neue Reaktion die Erfahrung der vorhergehenden mit ein, so daß sich eine immer bessere Anpassung an die »Umstände« (d. h. die Umwelt, den Reiz, die Herausforderung durch eine Situation) ergibt.

Bewegung muß also ebenso wie alle anderen Verhaltensbereiche des Kindes als ein komplexes Geschehen verstanden werden, in dem vielfältige Einflüsse und Voraussetzungen dynamisch ineinandergreifen.

Laufstühlchen und Hopser können ein Kind in seiner natürlichen Entwicklung hemmen, wenn man es mehrere Stunden darin sitzen läßt. Dagegen: Für kurze Zeit am Tag benutzt, bereiten sie dem Baby Vergnügen und schaden nicht.

Die Sinne eines Babys sind zwar vom ersten Tag an funktionsfähig, aber ihre Zusammenarbeit entwickelt sich erst im Laufe der Wochen, Monate und Jahre. Jede, auch die kleinste Handlung und Erfahrung des Kindes hilft ihm bei diesem Integrationsprozeß. Wie erstaunlich diese Abstimmung der Wahrnehmungssysteme Hören, Sehen, Gleichgewicht, Berührungssinn und Tiefensensibilität aufeinander die gesamte Entwicklung des Kindes steuert, schildert dieses Kapitel.

Machen wir uns jemals klar, was alles dazugehört, um einen Teller Suppe auszulöffeln? Wir finden es selbstverständlich, mit einem Löffel so umzugehen, daß die Nahrung in unseren Mund gelangt, weil es lange her ist, seit wir die Geschicklichkeit unserer Hände im Spiel geübt haben. Halten wir also beim Essen einmal inne und beobachten, was wir machen. Es beginnt damit, daß wir aufrecht und sicher am Tisch sitzen. Unsere Augen richten sich auf die duftende Suppe vor uns und dann auf den Löffel, der neben dem Teller liegt. Wir strecken die Hand aus und ergreifen den Löffel – zielsicher. Wir halten ihn in einer ganz bestimmten Weise: Würden wir ihn grob anfassen, wie einen Hammerstiel zum Beispiel, ihn mit der ganzen Handfläche umklammern (was übrigens das Baby bei seinen ersten Versuchen macht), so könnten wir wenig mit diesem Instrument anfangen. Wir nehmen ihn also in einer Weise auf, die ihn in einem besonders beweglichen Gleichgewicht hält. Während wir damit »arbeiten«, ihn in die Suppe tauchen, herausheben, den weiten Weg vom Teller zum Mund führen (denn wir essen ja anständig, nicht wie ein Tier mit dem Mund unmittelbar am Tellerrand!), bleibt er mit seiner Öffnung immer nach oben gerichtet; meist verschütten wir kein Tröpfchen. Hin und wieder schauen wir hin. Wir brauchen uns nur einmal schlecht zu fühlen, im Liegen zu essen, und schon gelingt das alles nicht mehr so säuberlich. Die feine Koordination zwischen Bewegungsabläufen und Wahrnehmung funktioniert nicht

mehr so gut. In einer ungewohnten Körperhaltung fehlt uns zudem die Übung.

Bewegung, so haben wir im vorigen Kapitel festgestellt, ist ein besonders vielfältiges Geschehen: Greifen und kleine Gegenstände mit den Händen manipulieren, ganz besonders. Man nennt das Feinmotorik. An dem geschilderten Vorgang wird deutlich, wieviel Wahrnehmung, wieviele Sinne wir benötigen, um diese Motorik einsetzen zu können. Man muß eigentlich weitergehen und sagen: Bewegung *ist* Wahrnehmung. Allein bei einer scheinbar so einfachen Tätigkeit wie dem Essen brauchen wir fast alle unsere Sinne gleichzeitig, um sie zu bewältigen:
1. Angefangen beim Gleichgewichtssinn, der uns nicht nur ermöglicht, uns sicher aufrecht zu halten, unsere Kopfhaltung frei zu kontrollieren (so daß zum Beispiel beim Herunterneigen der Kopf nicht einfach runterkippt, sondern immer noch aufrecht bleibt, was wir schaffen, indem wir ihn etwas vorschieben). Den Gleichgewichtssinn brauchen wir auch, um den Löffel gerade zu halten. Für diese Aufgaben reicht aber diese eine Wahrnehmung nicht aus: Wir brauchen dazu auch
2. unsere sogenannte Tiefensensibilität *(siehe auch Kapitel II, Seite 29)*, das heißt die Information, die wir aus der Tiefe unseres Körpers, aus Muskeln und Gelenken bekommen, und die uns mitteilt, in welcher Lage sich Gelenke und welcher Anspannung (Tonus) sich Muskeln befinden. Wir brauchen
3. die äußere Körperwahrnehmung für Berührung (Taktilität): Wir spüren den Stuhl unter

Selbständig essen – eine einfache Handlung? Viele Wahrnehmungen und die Verknüpfung vieler Fähigkeiten sind notwendig, um sie auszuführen.

Warum finden wir im Dunkeln den Lichtschalter und stoßen uns nicht an der Schlafzimmertür? Eine Reihe von Bewegungs- und Wahrnehmungserfahrungen gehen uns nach und nach so in Fleisch und Blut über, daß wir auch blind handeln können: Man nennt das Körperschema.

unserem Gesäß; und wenn wir uns vorbeugen, vielleicht auch die Tischkante. Wir spüren den Löffelstiel in unserer Hand.

4. Ist es unerläßlich, und das leuchtet jedem ein, daß wir sehen: Sehen vermittelt uns zunächst die Information über unsere Haltung im Raum, es macht uns neben dem Gleichgewichtssinn klar, daß unser Kopf sich oben befindet, der Teller dagegen weiter unten, daß wir eine flüssige Nahrung vor uns haben, also den Löffel mit besonderer Aufmerksamkeit führen müssen. Wir sehen, wie weit wir die Hand zum Löffel und Teller ausstrecken müssen. Da allerdings ist unsere Erfahrung bereits so gut, daß wir es blind fast genauso gut könnten, ohne etwas zu verschütten. Das nennt man »Körperschema«, bestimmte, häufige Erfahrungen sind sozusagen in Fleisch und Blut übergegangen. Wir können auch

5. unser Gehör mit einsetzen, das uns beim Klappern des Löffels im Suppenteller klarmacht, wo sich Teller und Löffel befinden. Und schließlich benutzten wir

6. den Geruchssinn, der uns mit dem aufsteigenden Duft der Suppe nicht nur etwas über die zu erwartende Qualität der Speise, sondern auch die Richtung, aus welcher der Geruch kommt, mitteilt. Natürlich bringen wir letztlich noch

7. den Geschmackssinn und wiederum

8. den Tastsinn ins Spiel, wenn die Nahrung in den Mund gelangt.

Bei einem Baby müssen sich, damit es dies alles ausführen kann, nicht nur die Bewegungsfähigkeit, sondern auch die dazugehörigen Wahrnehmungen entwickeln und ihr sinnvolles Zusammenspiel entfalten. Daß dies schon unmittelbar nach der Geburt beginnt, haben wir bereits geschildert.

Gerade am Beispiel des Greifens zeigt sich, wie komplex die Entwicklung verläuft. Wer sein Kind beobachtet, sieht, welche Schwierigkeiten es im Laufe der Zeit bewältigen muß.

Dabei kann man ein merkwürdigen Phänomen konstatieren: Das Neugeborene scheint in seiner Fähigkeit, nach etwas den Arm und die Hand auszustrecken, weiter zu sein als das zwei Monate alte Baby: Ein Neugeborenes streckt nämlich den Arm in Richtung auf einen Gegenstand aus und öffnet dabei die Hand, so daß es »bereit« zum Greifen ist, obwohl es das nur selten wirklich ausführt. Beim zwei Monate alten Baby bleibt die Hand meist zur Faust geschlossen, wenn es den Arm ausstreckt. Es scheint also weniger bereit, den Gegenstand zu ergreifen. Im Laufe der nächsten Wochen beginnt das Kind jedoch wieder, die Hände zu öffnen, besonders, wenn es den Gegenstand sieht.[27]

Wie kommt es zu diesem scheinbaren Rückschritt? Warum sollte ein Baby mit acht Wochen weniger koordiniert handeln als mit sieben Tagen? Wir haben eingangs das Reflexverhalten des Neugeborenen als eine Art Notprogramm für den Anfang des Lebens beschrieben. Erstaunliche Fähigkeiten zu reagieren sind in den ersten Tagen bereits vorhanden, sie werden aber später von anderen Bewegungsabläufen abgelöst. Diese basieren auf einer höheren Stufe der Wahrnehmung und motorischen Entwicklung, sie beziehen kognitive (also Erkennens-) Elemente mit ein. Dadurch wird willkürlich gesteuertes Verhalten möglich. C. von Hofsten hat 1984[28] die Ansicht dargelegt, daß das bei Neugeborenen beobachtete koordinierte Verhalten wieder in seine einzelnen Bestandteile aufgelöst werden müsse, bevor es willkürlich benutzt werden könne. Jeder Bestandteil müsse erst beherrscht und dann in Muster einbezogen (integriert) werden. Diese Auflösung und spätere Reintegration (Wiedereinbeziehung) erlaube es dem Kind, eine Art Entscheidung zu treffen, welche Komponenten es bei der Lösung einer speziellen Aufgabe benutzen wolle.

Da es noch keine, wirklich endgültige Schlüsse erlaubenden Untersuchungen gibt, sind wir vorläufig mit der Erklärung dieses Phänomens auf Vermutungen wie die hier geschilderte angewiesen. Einige Wissenschaftler sind entgegen dieser These überzeugt[29], daß es keinen kausalen Zusammenhang zwischen dem frühen Ausstrekken, »prereaching«, und dem späteren, willkürlich gesteuerten Ausstrecken (reaching) gebe. Mit dem Fortschreiten der Wahrnehmungsentwicklung, vor allem auch des Sehens, entwickelt sich das Greifen dann im Laufe der nächsten Monate folgendermaßen weiter: Mit etwa drei Monaten beginnt das Baby, zwischen dem Objekt und der eigenen Hand hin- und herzuschauen. Wenn es dann den Arm ausstreckt, berührt oder streift es oft den Gegenstand. Seine Hand ist meist noch zur Faust geschlossen, so daß es noch nicht greifen kann. Mit vier Monaten dann fängt es in der Regel an, häufiger die rechte Hand zu benutzen und überhaupt öfter zielgerichtet nach etwas auszustrecken. Es ist fähig, die Hände vor seinem Körper zusammenzuschlagen. Es schafft es, mit einer Hand die Mittellinie zu überkreuzen, wenn es nach etwas faßt. Das bedeutet: Es kann schon die rechte Hand benutzen, um nach etwas zu langen, das leicht links von ihm liegt.

Mit fünf Monaten schließlich kann es die Hand nach einem Gegenstand ausstrecken, ihn berühren und greifen. Diese Vorgänge sind durchs Sehen gut gesteuert[30].

Mit anderen Worten: Wenn das Sehen diesen Ablauf zielsicher leiten kann, ist auch das Greifen mehr oder weniger gut entwickelt. Das Kind hat meist Erfolg, wenn es nach etwas fassen will. Es wird allerdings noch mehr Fortschritte machen müssen, um es perfekt zu beherrschen. So muß es zum Beispiel noch lernen, um Hindernisse herumzugreifen, was es oft erst zwischen zehn und 13 Monaten schafft. Und auch dann (und in den folgenden Monaten) ist das »Ausstreck-Greif-System« immer noch längst nicht voll ausgereift. Der Grund dafür ist auch: Die einzelnen Wahrnehmungssysteme arbeiten in ihrer Abstimmung aufeinander noch nicht in vollkommener Synchronisation. Die Integration aller Systeme wird erst beim viel älteren Kind erreicht.

Was für den komplizierten Greifvorgang gilt, gilt auch für andere Verhaltensabläufe.

Wenn ein Kind sich in bestimmten Fähigkeiten nicht altersgemäß entwickelt, wird es oft mit dem Etikett »bewegungsgestört« versehen. Dies mag in der Tat stimmen. Sind wir uns aber klar darüber, was das heißt? Bewegungsgestört muß nicht heißen, daß die Bewegungsfähigkeit grundsätzlich mangelhaft ist. Die Gründe können viel komplizierter sein und in ganz anderen Bereichen liegen. Wenn wir sie uns einmal vor Augen führen, lernen wir auch etwas über das gesunde Kind. Wenn ein Baby z. B. mit sechs Monaten noch nicht nach einem Gegenstand fassen und ihn ergreifen kann, muß nicht eigentlich seine »Greiffähigkeit« fehlen, seine Hand kann in ihrer Beweglichkeit völlig in Ordnung sein. Aber mangelndes Gleichgewicht beeinträchtigt möglicherweise die freie Benutzung seiner Gliedmaßen. Vielleicht sieht das Baby nicht richtig, weder das Objekt, noch seine Hände. Es mag andererseits zwar sehen, das Gesehene aber nicht gut verarbeiten. »Nicht gut verarbeiten« kann wiederum mehrerlei bedeuten: Einmal, die Sehinformation kommt im Gehirn nicht richtig an. Zweitens, sie kann unter Umständen nicht mit anderen Erfahrungen gekoppelt werden und damit auch nicht sinnvoll eingeordnet werden. Drittens kann in dieser Situation vom Gehirn an Arm und Hand kein sinnvoller Handlungsbefehl erteilt werden. Wenn aber auch alles dies nicht der Fall ist, also bis hierher normal funktioniert, dann kann immer noch die Übermittlung des Befehls vom Hirn an die Hand unzureichend oder fehlerhaft sein.

Es sind also immer Regelkreise, nicht nur einfache Funktionen beteiligt, wenn ein Kind (und natürlich auch ein Erwachsener) etwas tut. Bei diesen Regelkreisen gibt es Rückkoppelungen: Das Gehirn veranlaßt uns zum Beispiel durch einen Handlungsbefehl an Muskeln und Gelenke, ein Bauklötzchen aufzunehmen. Das Resultat dieser Handlung wird als sinnvolle Reizwahrnehmung an das Gehirn zurückgemeldet. Oft ist dabei Sehen und Hören gekoppelt: Ein aufgenommenes Klötzchen wird auf die Tischplatte

Warum scheint ein Neugeborenes bereits weiter zu sein in seiner Fähigkeit, den Arm mit geöffneter Hand nach einem Gegenstand auszustrecken, als das zwei Monate alte Baby? Man nimmt an, daß dieses koordinierte Verhalten erst einmal in seine Bestandteile aufgelöst werden muß, bevor es später willkürlich benutzt werden kann.

Was heißt »bewe-
gungsgestört«? Viele
Gründe, die außer-
halb der bloßen Fä-
higkeit sich zu bewe-
gen liegen, können
eine Rolle spielen.

fallen gelassen. Das Kind sieht dann das Klötzchen beim Fallen und hört den Aufprall. Die
beiden Wahrnehmungen werden dem Gehirn
rückübermittelt. Jean Ayres[31] nennt das einen
äußeren Regelkreis. Es gibt auch einen inneren
Regelkreis: »Jedes Mal«, schreibt Ayres, »wenn
wir bewußt einen Bewegungsimpuls geben, speichert das Gehirn diese Anordnung und benutzt
sie, um die Empfindungen zu interpretieren, die
durch die Bewegung verursacht werden. Der innere Regelkreis speichert den motorischen Auf-
trag bereits, *bevor* dieser vollständig ausgeführt
ist. Diese Information »vor dem Erfolg« sei wesentlich für die Entwicklung der Fähigkeit, eine
Bewegung zu planen. Beim passiven Bewegen
des Körpers, also wenn etwas mit dem Kind
gemacht wird, ohne daß es selber dabei etwas
tut, erteilt das Gehirn keinen Bewegungsauftrag,
so daß kein innerer Regelkreis zustande kommt.
Andererseits: Je mehr wir einem Kind Gelegenheit geben, sich *selbständig* zu bewegen, desto
mehr innere Rückkoppelung wird hervorgerufen. Diese wiederum ist der Schlüssel zu einer
immer besseren Bewegungsplanung.

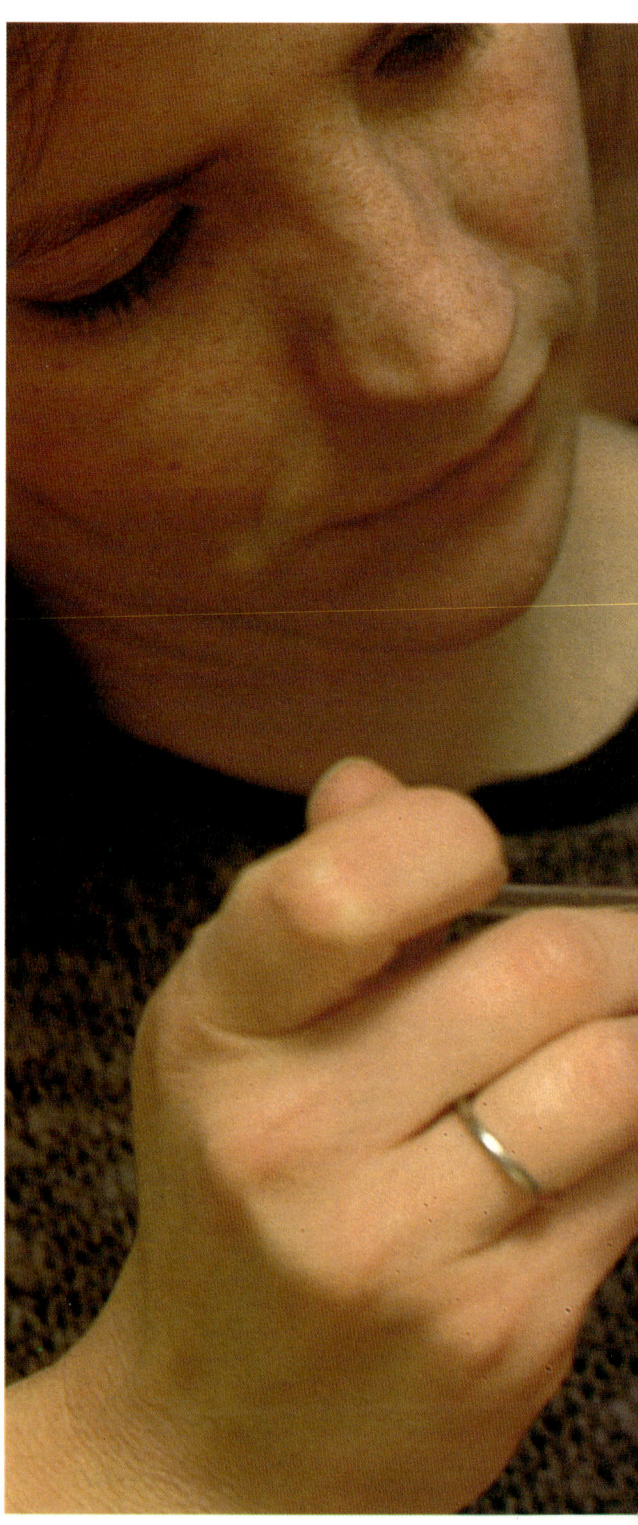

Das Gehirn spei-
chert, welche Hand-
lungsversuche zum
gewünschten Erfolg
führen.

Niemand kann darum einem Kind helfen, einen Fuß vor den anderen zu setzen, indem es ihm
mit Worten erklärt, was es machen muß. Faßt
man aber den Fuß fest an, ohne etwas zu sagen,
so kann vielleicht der Berührungsreiz das Kind
anregen, eine selbständige Bewegung zu machen. In jedem Fall baut der innere Regelkreis
immer auf vorhandene Erfahrungen auf, um
weitere und auch neue Handlungen zu planen
und einzuleiten. Darum haben Babys und Klein-
kinder die Angewohnheit, Handlungen unermüdlich wieder und wieder auszuführen. Das
Gehirn speichert alle diese Versuche. Und es
speichert auch, welche zum gewünschten Erfolg
führen. Jeder gelungene Versuch bildet die
Grundlage für einen weiteren Schritt zu komple-
xerem und auch reiferem Handeln.

Sehen wir uns an, wie das in den einzelnen
Lebensmonaten vor sich geht.[32] Bei der Geburt
sind, wie wir eingangs (besonders im Kapitel II)

Die Mutter nimmt ihren Sohn beim Füttern gern auf den Schoß und macht daraus ein gemeinsames Spiel. Eigentlich könnte Nicolaus mit seinen zehn Monaten schon allein essen. Da das Führen des Löffels ein außerordentlich komplexer Vorgang ist, gelingt er dem Kind noch nicht sauber und perfekt. Es ist jedoch wichtig, daß das Kind auch mit diesen Schwierigkeiten seine eigenen Erfahrungen sammelt: Es muß Speisen selber anfassen können, fühlen, ob sie weich, hart, kalt oder warm sind. Es muß sich mit Löffel und Teller auf seine Weise vertraut machen dürfen. Alle diese Erfahrungen sind notwendig, um darauf aufbauend zum Erfolg zu kommen.

Beim Erfassen einer optischen Wahrnehmung ist viel mehr als die Netzhaut beteiligt. Andere Wahrnehmungsinformationen, wie sie Gleichgewichtssinn und Tiefensensibilität vermitteln, werden mitverarbeitet.

bereits geschildert haben, alle Sinne – der Gleichgewichts- und der Tastsinn, die Tiefensensibilität, das Sehen, Hören und auch der Geruchs-und Geschmackssinn – bereits funktionsfähig. Das Riechen ist sogar schon so gut entwickelt, daß es mit zunehmendem Alter nicht perfekter wird – wie Sehen und Hören.

In dem Bestreben, die Schwerkraft zu überwinden und die Welt um sich herum besser wahrzunehmen, entwickelt sich beim Baby zuerst die Fähigkeit den Kopf hochzuheben und zu halten. Gleichgewichtssinn, Tiefensensibilität und Sehen werden sogleich eingesetzt, um die Nackenmuskulatur und die Augen zu beherrschen. »Kopf und Augen stabil zu halten, ist eine fundamentale Fähigkeit, die einen bedeutenden Überlebenswert hat«, schreibt J. Ayres.[33] Etwas wirklich mit den Augen wahrzunehmen, beinhaltet viel mehr als nur sehen. »Die Augen müssen zusätzlich das Bild des Gegenstandes konstant aufrechterhalten. Die Nackenmuskulatur muß den Kopf konstant halten, um zu vermeiden, daß der Gegenstand verschwommen und sich hin- und herbewegend erscheint.«

Es ist also mehr als die Netzhaut, die beim Erfassen einer optischen Wahrnehmung »angesprochen wird«. Drei weitere Arten von Wahrnehmungsreizen muß das Gehirn gleichzeitig mitverarbeiten:
1. Die Einwirkung der Schwerkraft und damit verbunden, Empfindungen aus dem Innenohr, die durch Bewegungen entstehen.
2. Empfindungen, die von den Augenmuskeln ausgehen und über die Stellung der Augen informieren.
3. Empfindungen, die aus den Nackenmuskeln übermittelt werden und die über die Stellung des Kopfes zum Körper und innerhalb des Raumes Auskunft geben.

Während das Baby seine Umwelt neugierig mit den Augen erkundet, »ist das Gehirn emsig damit beschäftigt, Impulse, die von Innenohr, den Augenmuskeln und den Nackenmuskeln bei ihm eintreffen, zusammenzusetzen«. In diesem

unbewußt ablaufenden Mosaikspiel lernt das Baby, ein deutliches und eindeutiges Bild von seiner Umwelt aufzunehmen, sogar, wenn es sich dabei bewegt. Im Laufe dieser Zeit lernt es auch, schärfer zu sehen und zu akkommodieren, das heißt seine Augen größeren oder kleineren Entfernungen zu einem Objekt anzupassen.

Auch mit dem Hören hat das Baby seit der ersten Lebenszeit Fortschritte gemacht. Das Neugeborene konnte Geräusche bereits gut lokalisieren und wendete den Kopf zu einer Geräuschquelle. In dieser Fähigkeit läßt das Baby merkwürdigerweise mit zwei Monaten eher nach.[34] Einige Wissenschaftler meinen, daß in diesem Alter das Bindeglied zwischen Hören und Sehen vorübergehend schwächer wird, daß beide Fähigkeiten auseinanderfallen, dissoziiert werden, um später auf einer höheren Entwicklungsstufe wieder verbunden zu werden. »Hört sich das nicht bekannt an?« fragt Smolak: Es erinnert tatsächlich an die ähnlich verlaufende Entwicklung des Armausstreckens und Greifens. Mit drei Monaten jedenfalls dreht das Kind seinen Kopf wieder zur Geräuschquelle, es sucht mit den Augen nach ihr – wie es schon das Neugeborene getan hat. Die Erwartung, daß bestimmte Gegenstände, die es sieht, Geräusche machen, ist allerdings beim Neugeborenen noch nicht da, sie entwickelt sich erst im Laufe der Zeit mit den Erfahrungen, die das Kind sammelt.

Mit besonderem Interesse wendet sich das Baby in diesem Alter dem Gesicht der Mutter oder des Vaters zu, wenn sie gleichzeitig mit ihm sprechen, lachen oder singen und mehr noch, wenn sie ihr Gesicht dazu auch noch bewegen.

Bewegung erleichtert es dem Kind auch, eine Sache von einer anderen zu unterscheiden. Die Fähigkeit, zwei Objekte auseinanderzuhalten oder einen Gegenstand als vom Hintergrund abgehoben zu erkennen, entwickelt sich erst nach dem dritten Monat.

Zwei besonders wichtige Leistungen sind jedoch in diesem Alter schon präsent:
1. die Fähigkeit, Ähnlichkeiten zwischen einer

Sache (oder einem Ereignis), die das Kind wahrnimmt, und einer in seinem Gedächtnis gespeicherten Erfahrung zu entdecken und
2. in der Verknüpfung beider ein neues Schema zu bilden. Dieser Prozeß ist die Basis des wiedererkennenden Gedächtnisses. Jerome Kagan beschreibt, wie diese Entwicklung verläuft[35]: Während das Kind solche Schemata bilde, erklärt er, wettstreite die Wechselbeziehung zwischen diesen Strukturen und der Augenblickserfahrung mit der Anziehungskraft, die von Konturen, Bewegung, Farbe, Linien ausgeht. Die ursprüngliche Anziehung dieser physikalischen Qualitäten werde durch eine neue Kraft unterdrückt, welche die Entwicklung neuer Schemata fördere. Dieses ist eines der Grundprinzipien der Entwicklung: Ein bestimmter Mechanismus beherrscht das Funktionieren eines Organismus so lange, bis seine Aufgabe erfüllt ist und er durch einen anderen, höheren abgelöst wird. Dies erklärt vielleicht den Umstand, daß Babys mit etwa zwei Monaten dazu tendieren, Dingen und Ereignissen, die *ein wenig* von bereits bekannten abweichen, ihre besondere Aufmerksamkeit zu widmen. Sie sind weniger interessiert an ganz und gar Vertrautem oder ganz neuen Dingen. Die größte Aufmerksamkeit und Erregung rufen Ereignisse (Dinge) hervor, die in mehreren Dimensionen mit bereits Erfahrenem übereinstimmen, die aber ein wenig Veränderung gegenüber dem bereits Bekannten enthalten. Vier Monate alte Kinder reagieren zum Beispiel besonders aufmerksam, wenn die horizontale Augenstellung in einem Gesicht – ein bekanntes Schema – aufgelöst wird, wenn also plötzlich ein Auge weiter oben oder unten als das andere steht.

Nach allem, was wir bisher wissen, scheint es so, daß ein Baby prinzipiell durch den Wechsel der Information oder des Reizes in seiner Aufmerksamkeit animiert wird. Es versucht immer, die neue Erfahrung mit einem bei ihm bereits vorhandenen Schema zu verknüpfen. Ein Ereignis dagegen, das sich mit keinerlei Schema in Verbindung bringen läßt, wird nach anfänglicher Kenntnisnahme mit Nichtbeachtung gestraft. Das alles bedeutet, resümiert Kagan: »Das Kind profitiert am ehesten von Ereignissen, die wir Überraschungen nennen.«

Im vierten bis sechsten Monat lernt das Baby zunächst, Gegenstände, die etwa 20 bis 30 Zentimeter weit weg sind, gut zu fixieren. Es kann einem Spielzeug mit den Augen über 180 Grad, d. h. über die Mittellinie hinweg, folgen. Überhaupt kann es einen Gegenstand jetzt in allen Ebenen mit dem Blick verfolgen. Die Koordination der Augenmuskeln, so wie die Hand-Augen-Koordination verbessern sich bis zum Ende des sechsten Monats. Zu diesem Zeitpunkt kann es ganz unterschiedliche Wahrnehmungen – visuelle, akustische, taktile, Gleichgewichts- und Bewegungs- (kinästhetische) Wahrnehmungen – schon gut miteinander verarbeiten, d. h. integrieren. Es hört im vierten Monat schon sehr aufmerksam zu, unterscheidet Geräuschqualitäten und zeigt eine Vorliebe für bestimmte Klangangebote: Singen, die Stimme der Mutter, eine Glocke, Musik. Die verschiedenen Richtungen, aus denen diese Geräusche kommen, kann es gut lokalisieren. In diesem Alter scheint es auch menschliche Stimmen und Gesichter – nicht nur bei der Mutter – in Zusammenhang zu bringen: Es erwartet, daß von einem Gesicht eine Stimme ausgeht[36] (*siehe auch Kapitel II, S. 29*).

Offenbar erkennt das Kind Gehörtes wieder und versucht, eine Wiederholung zu provozieren. Es wiederholt auch gern eigene Laute. Mit sechs Monaten reagiert es mit Unbehagen auf unangenehme Laute und macht irgendwelche Geräusche nach.[37]

In diesem Alter liebt es, wenn man es schaukelt und hoch in die Luft schwingt – kurz, wenn man es in Bewegung hält. Allerdings: Wenn die Reize, die so auf sein Gleichgewichtssystem einwirken, zu stark werden, schreit es.

Im sechsten bis achten Monat entwickelt sich mit beginnendem Robben und Krabbeln das Raumgefühl. Das Baby lernt nicht nur, Entfernungen besser abzuschätzen, sondern auch, wie

Das vier bis sechs Monate alte Baby liebt es, wenn man es in Bewegung hält, schaukelt, hoch in die Luft schwingt.

Zwischen dem neunten und dem zwölften Monat verbringt das Baby, das sich zunehmend frei bewegt und mühelos aufrecht hält, einen großen Teil seiner Zeit damit, Gegenstände eingehend zu untersuchen und herauszufinden, was es mit ihnen auf sich hat – zum Beispiel, daß man an einer Schnur ziehen kann, um einen daran befestigten Gegenstand zu bewegen. Nicolaus ist von einem unbändigen Forschungs- und Erkundungsdrang besessen. Je mehr er dabei entdeckt und je unterschiedlicher seine Erfahrungen dabei sind, desto besser lernt er, seine Wahrnehmungen zu verarbeiten. Dies ist das Alter, in dem ein Kind beginnt, sich Dinge vorstellen zu können, zu wissen, daß sie auch noch vorhanden sind, wenn es sie nicht mehr sehen kann.

groß Gegenstände sind, wie ein Raum, durch den es sich bewegt, beschaffen ist.

Das Tastgefühl und die Tiefensensibilität sind jetzt auf eine so feine Weise aufeinander eingespielt, daß sich die Fähigkeit zum Greifen und Manipulieren kleiner Gegenstände dadurch erheblich verbessert. Die gute Augenmuskelkontrolle kommt dem Kind dabei zu Hilfe.

Es plant seine Handbewegungen nun so gut, daß es Klötzchen zusammenstecken kann. Manche Kinder halten auch schon Ausschau nach verdeckten (auch versteckten) Spielzeugen. »Durch Berührung und Sich-um-den-Gegenstand-Herumbewegen lernt das Kind zu begreifen, daß diese Gegenstände noch vorhanden sind, auch wenn es sie nicht mehr sehen kann.« Dies sei, erklärt Jean Ayres[38], der Beginn der Fähigkeit, sich Dinge vorstellen zu können.

Im neunten bis zwölften Monat macht das Baby mit zunehmender Bewegungsfreiheit und aufrechter Haltung neue Erfahrungen mit dem Verhältnis, in dem es sich zum Boden und Raum befindet. Sein Nervensystem wird stimuliert.
1. durch zahllose Empfindungen aus den Muskeln, die Kopf und Körper aufrecht halten, und
2. ebenso durch ständige Anforderungen an sein Gleichgewichtssystem. Diese Reize helfen, beide Seiten seines Körpers in Einklang miteinander zu setzen. Sie fördern auch seine Bewegungsplanung und seine visuellen Wahrnehmungen.

Da es sich aus dem Sitzen oder Stehen viel besser umschauen kann, verbringt es jetzt viel mehr Zeit damit, Gegenstände ganz eingehend zu betrachten und herauszufinden, was es mit ihnen auf sich hat. Es zeigt einen richtigen Forschungs- und Erkundungsdrang. Je mehr es bei diesen Streifzügen entdeckt und je unterschiedlicher seine Erfahrungen sind, desto besser wird seine Übung im Verarbeiten von Wahrnehmungen und im Formen von Anpassungsreaktionen zu diesen Wahrnehmungen. »Schauen Sie Ihrem Kind zu«, ermuntert Jean Ayres[39] Eltern, »wenn es Dinge aneinander schlägt, sie von einem Tisch herunterzieht, sie durcheinanderwirft usw., und versuchen Sie, die Bedeutung dessen, was Ihr Kind tut und fühlt, zu erkennen.« Indem es jetzt bei Spielen häufiger versucht, über seine Körpermitte hinaus zu greifen, entwickelt es die Fähigkeit, die Mittellinie zu überkreuzen, eine Fähigkeit, die bei Kindern mit schlechter Wahrnehmungs- und Bewegungsintegration oft nicht ausreichend ausgebildet ist.

»Eines der größten Ereignisse in der frühen Kindheit«, schreibt Jean Ayres, »ist das Alleinaufstehen.« Nur wenige Erwachsene können noch nachempfinden, wie wichtig diese beachtliche Fähigkeit sei und was sie für die Selbsterfahrung des Kindes bedeute. Sich allein auf die Füße zu stellen, »ist das Endprodukt der Verarbeitung aller Informationen, die von der Schwerkraft, den Bewegungen des Kindes, den Muskel- und Gelenkempfindungen in den vorausgegangenen Monaten erfolgte. Aufstehen erfordert die Integration von Empfindungen aus jedem Teil des Körpers einschließlich der Augen- und der Nackenmuskeln... Aufstehen ist eine wahre Herausforderung, da ein relativ großer Körper auf zwei schmalen Füßen sein Gleichgewicht finden muß.« Es sei das beste, rät Ayres Eltern, wenn sie ihrem Kind erlaubten, das Aufstehen selbst zu üben. Um so besser werde es diese Aufgabe zu meistern lernen.

Rückblickend auf die gesamte Wahrnehmungs- und Bewegungsentwicklung im ersten Lebensjahr, kann dieser Rat nur bekräftigt werden: Helfen Sie Ihrem Kind, möglichst viel selber zu tun. Das heißt nicht, es sich selber zu überlassen. Ganz im Gegenteil: Das Kind braucht die ermunternde Gegenwart und Anteilnahme der Eltern. Und wie wir anfangs bereits gezeigt haben, sind Eltern auch nahezu unübertrefflich, wenn es darum geht, ihr Kind intuitiv in seinen Entwicklungsbedürfnissen zu fördern. Was für die ersten Wochen galt, bleibt auch durch das ganze erste Lebensjahr eine gute Richtschnur: Das Kind ist der beste Lehrer für die Eltern. Sie müssen ihm vor allem anderen ihre Aufmerksamkeit und Liebe schenken.

Eines der wichtigsten und aufregendsten Ereignisse der frühen Kindheit ist das selbständige Aufstehen. Es vermittelt dem Baby das Erlebnis einer besonderen Unabhängigkeit und ganz neue Erfahrungen mit Gegenständen, von denen es sich vorher keine Vorstellung machen konnte.

Von Anfang an hat das Baby Gefühle und emotionale Bedürfnisse. In seiner Fähigkeit, diese auf immer feinere Weise auszudrücken, zeigt es sich als soziales Wesen. Es ist auch in der Lage, die emotionale Bereitschaft seiner Eltern anzuregen, sie zu Spiel und Spaß aufzufordern. Je einfühlsamer sie sich von seinen Bedürfnissen leiten lassen, je weniger sie ihm ihre eigenen aufzwingen, desto freier und leichter kann es sich zu einem harmonischen Kleinkind entfalten.

Babys sind von Anfang an kleine Menschen und verhalten sich menschlich. Niemand wagt, diese Behauptung laut in Zweifel zu stellen. Daß sie dennoch nicht so selbstverständlich ist, erweist sich erst bei näherer Betrachtung: Zeigen nicht viele unserer Verhaltensweisen, daß wir oder einige unter uns dem Baby eher den Status eines hilflosen, manchmal niedlichen und fast immer besonders unbequemen Haustiers zuweisen? Viele Hausordnungen machen ganz deutlich, daß man Kinder und Haustiere der Gattung Störenfriede zuordnet. Dabei darf ein winselnder Hund oder eine maunzende Katze allemal mit mehr Anteilnahme und Verständnis rechnen, als ein schreiendes Baby.

Außerhalb der Wohnung hätten Babys keinerlei Rechte, schreibt der französische Journalist Dominique Simonnet in seinem Buch »Die Babys sollen leben« (*Vivent les bébés!*).[40] Man toleriere sie gerade noch im Bett und deponiere sie in ihrem Zimmer wie ein Paket in der Gepäckaufbewahrung. Babys sind aus der Gesellschaft ausgeschlossen wie alte Leute, schreibt Simonnet. Ein Baby ist ständig in Gefahr. Auf der Straße herrschen die Hunde und die Autos. Das Baby wird in Höhe der Abgase herumgeschoben. Nichts ist nach seinem Maß, nichts wird ihm zugestanden. Zeit und Raum teilt man ihm nur mit äußerstem Geiz zu. »Es ist wahr, das Baby ist ein störendes Wesen«, konstatiert der Journalist ein wenig bitter und fügt hinzu, wenn sie nur aufbegehren könnten, die Babys, dann würden sie schon für andere Verhältnisse sorgen: zum

Beispiel dafür, daß man sie nicht nur toleriert, sondern in ihren Rechten anerkennt; daß Architekten sich um ihre Bedürfnisse ebenso kümmern, wie um die von Behinderten; daß hier und da etwas Gras angepflanzt wird, das sie auch gelegentlich anfassen dürfen; daß die Zeit und die Rechte ihrer Eltern anders eingeteilt werden, so daß sie mehr mit ihren Babys zusammen sein können.

Wir Erwachsenen scheinen uns also nicht recht klar darüber zu sein, daß schon Säuglinge zur Wahrnehmung ihrer Umwelt, ihrer Eltern und sogar zu Gefühlen fähig sind, und daß sie auch Bedürfnisse haben. Tatsächlich steckt die Wissenschaft über die emotionale Entwicklung des Menschen in den ersten Monaten seines Lebens noch in den Kinderschuhen. In den letzten zwanzig Jahren hat sie allerdings riesige Fortschritte gemacht. »Nach nur zwei Jahrzehnten ernsthafter experimenteller Forschung über das erste Lebensjahr«, schreibt Kagan[41], »haben wir gelernt, daß das Wiedererkennungsgedächtnis, die Furcht vor dem Unbekannten, die Trennungsangst, die Objektpermanenz, die Verbesserung des Reproduktionsgedächtnisse und das Auftreten von Symbolismus eine Sequenz universeller Fähigkeiten bilden, die während des ersten Jahres in Erscheinung treten. Darüber hinaus scheint das Auftauchen dieser Funktionen von der Reifung bestimmter Teile des Zentralnervensystems ebenso abhängig zu sein wie von der Erfahrung.«

Und noch andere wichtige Erkenntnisse, die der weiteren Forschung bedürfen, zeichnen sich

Welchen Raum und welche Rechte haben Babys in unserer Welt? Auf der Straße herrschen Autos und Hunde. Zeit und Platz teilt man Babys nur mit äußerstem Geiz zu. Man schließt sie aus der Gesellschaft aus wie Behinderte und alte Leute.

Versteckspielen mit der Mutter ist für ein sieben bis zehn Monate altes Kind ein besonderes Vergnügen. In diesem Spiel kann es seine Wahrnehmung der Getrenntheit von der Mutter – ein besonderer Entwicklungsschritt dieses Alters – ohne Angst verarbeiten. Es lernt auch, daß Menschen und Dinge, die kurz aus seinen Augen verschwinden, trotzdem noch da sind. Das Lachen des kleinen Nicolaus zeigt nicht nur, daß er Spaß an diesem immer wieder überraschenden Erlebnis des Wiederauftauchens der Mutter hat, sondern auch, daß er die Situation versteht.

Viele Babys entspre-
chen nicht dem, was
die Eltern erwartet
und sich vorgestellt
haben. Sie sind oft
unruhiger oder passi-
ver, als man es sich
wünscht und als es zu
den jeweiligen Eltern
»paßt«.

ab: Noch vor einem Vierteljahrhundert ging man davon aus, daß bestimmte elterliche Verhaltensweisen eine ziemlich gleichartige Wirkung auf die meisten Kinder hätten. Beobachtungen und Untersuchungen der letzten Jahre dagegen deuten darauf hin, »daß Säuglinge sich unter anderem in ihrer Disposition zu Reizbarkeit, Aktivität und Ängstlichkeit und damit auch in ihrer Art unterscheiden, auf elterliche Erziehungsmethoden zu reagieren. Heute erwarten wir, daß es eine ernstliche Interaktion zwischen der psychologischen Oberfläche (den Verhaltensweisen) und den familiären Erfahrungen eines Kindes gibt«.[42] Dieses veränderte Verständnis, welches – bei der Geburt bereits vorhandene – Unterschiede in einen komplexen Verhaltenszusammenhang zwischen Baby und Eltern einbezieht, hat vor allem die bisher für alles verantwortlich gemachten Mütter entlastet: Sie sind nicht mehr an allem schuld. Es hat aber auch den Kinderärzten ein neues Einfühlungsvermögen für das Baby auf dem Hintergrund der Eltern-Kindbeziehung vermittelt.

Bei allem Wandel der wissenschaftlichen Annäherung an das Kind haben die meisten Eltern selber zu allen Zeiten ganz gut über die Gefühle ihrer Babys Bescheid gewußt, und so ist es – fast erstaunlich – auch noch heute. Allerdings war und ist ihr intuitives Verständnis vielfach und massiv überlagert worden: Von wechselnden kulturspezifischen Gepflogenheiten, Geboten, Verboten, Zwängen und nicht zuletzt vom gesellschaftlichen Druck auf die Mütter, die sich einmal ausschließlich ihrem Kind widmen, ein anderes Mal unbedingt weiterhin dem Ideal der allesbewältigenden jungen, gepflegten, erfolgreichen Karrierefrau entsprechen sollten. Ihrer vorhandenen Intuition und das heißt auch ihren Gefühlen nachzugeben, fiel und fällt ihnen also nicht immer leicht. Besonders dann nicht, wenn noch ein anderer Umstand erschwerend hinzukommt: Wenn ihr Kind in seinem Verhalten nicht dem entspricht, was sie erwartet haben und was der überkommenen Vorstellung entspricht.

Babys haben nach heutiger Erkenntnis so unterschiedliche Temperamente wie Erwachsene auch. Und sie haben wie diese Probleme, mit sich und ihrer Umwelt fertig zu werden. Die Umstellung auf ein Leben außerhalb des Mutterleibs verlangt ihnen zudem in den ersten Monaten (wie im Kapitel I bereits geschildert) außerordentliche Anpassungsleistungen ab: In der Nahrungsaufnahme, im Schlaf- und Wachrhythmus, in der Auseinandersetzung mit der Schwerkraft, mit all den auf sie einstürmenden Wahrnehmungen, dem neuen Erleben der Mutter, die plötzlich nicht mehr allgegenwärtig und -umhüllend ist, sondern getrennt, manchmal nah, manchmal fern.

Selbstregulation ist darum eine der Hauptaufgaben der ersten extrauterinen Lebenszeit. Selbstregulation heißt aber nicht, daß das Baby dabei sich selber überlassen werden kann. Es braucht, um sie entfalten zu können, nicht nur Geborgenheit und emotionale Wärme, sondern auch das soziale Wechselspiel mit Menschen, die ihm ihre ganze Aufmerksamkeit widmen. Da die Regulation aller lebensnotwendigen Verhaltensweisen bei nur wenigen Kindern in unserer Zivilisation »reibungslos« vonstatten geht – sie hängt nicht zuletzt auch davon ab, was Eltern als problemlos erleben –, brauchen viele Babys ein besonderes Verständnis und Einfühlungsvermögen von seiten ihrer Eltern.

Zum Beispiel Laura. Sie war schon in den ersten Wochen ein Baby, von dem die Eltern sagten: »Sie bekommt alles mit«, aufmerksam, oft unruhig, aber auch leicht ablenkbar. Sie schien tausend Antennen für alles zu haben, was um sie herum vorging. Bald zeigte sich, daß sie es schwer hatte, ihren eigenen Rhythmus zu finden. Sie reagierte übermäßig, ob es nun im Spaß war oder wenn irgend etwas sie zu stören schien. Wenn sie weinte, war sie kaum zu beruhigen. Die Mutter fühlte sich oft schuldig, sie wußte nicht, ob sie ihrem Kind zuviel oder zuwenig Zuwendung gab. Verwöhnte sie es oder gab sie ihm nicht genug körperliche Nähe?

Anders Jan. Er war schon mit drei Monaten ein ausgesprochen friedliches und zufriedenes Baby, ein bißchen reserviert fast. Am liebsten hockte er im Arm seiner Mutter und kuschelte sich an sie. So süß er war, die Eltern fanden bald, daß ihm etwas fehle: Er zeigte nicht die muntere Interessiertheit, die sie bei anderen Babys beobachteten. Sie wünschten sich, daß er mehr zum Spielen aufgelegt wäre, und wenn er hin und wieder ein wenig fröhliche Anteilnahme an ihren Bemühungen zeigte, waren sie außer sich vor Freude und versuchten, ihn zum Lächeln zu bringen. Da Jan nicht so reagierte, wie sie es sich vorstellten, machten sie nach und nach immer weniger Versuche, ihn aufzumuntern. Sie schmusten viel mit ihm, weil er das gern zu haben schien. Da Jan ziemlich passiv blieb, begannen sie mehr und mehr, alles an seiner Stelle zu tun: Sie nahmen seine Händchen, wenn sie wollten, daß er etwas anfaßte. Sie spielten sozusagen stellvertretend für ihn; schließlich lachten sie auch für ihn und sprachen für ihn. Jan wurde immer passiver und schaute seinen Eltern zu.

So wie Laura und Jan sind viele Kinder. Sie haben Schwierigkeiten, ihre Selbstregulation zu finden: Laura reagiert zu stark, Jan zu wenig. So jedenfalls empfinden es die Eltern. Wenn sie ihrerseits mit Irritation oder Enttäuschung antworten, kann es leicht passieren, daß sie gerade *die* Verhaltensweisen ihrer Kinder verstärken, die sie gerne ändern würden. Es entsteht ein Teufelskreis, aus dem keiner der Beteiligten ohne weiteres herauskommt.

Vielen Eltern hilft es, wenn sie einfach einmal sich und ihr Baby in ihrem Zusammenspiel beobachten. Wie gut ist die »Choreographie« ihres Verhaltens in ihrer Einstimmung aufeinander? Helfen sie ihrem Baby oder hindern sie es, Interesse an seiner Welt zu entfalten? Machen sie es nervös und unruhig, wenn sie es eigentlich nur anregen wollen? Wie gut schaffen sie es, ihr Kind zu beruhigen? Versuchen sie es auf verschiedene Weise, wenn es mit einer Methode nicht klappt? Was für Gefühle erweckt die Unruhe ihres Babys

bei ihnen? Versuchen sie, an alle Sinne ihres Kindes zu appellieren? Kurz: Unterstützen oder stören sie ihr Kind in seinem Bemühen, eine gewisse Ordnung in seine eigenen Lebensrhythmen und Verhaltensweisen zu bringen, fördern oder behindern sie sein ihm angeborenes Bestreben, sich selber zu regulieren, ein ihm angenehmes Gleichgewicht zwischen Schlafen und Wachsein, zwischen freudiger Erregung und Aufmerksamkeit einerseits und entspannter Ruhe andererseits herzustellen?

Selbstregulation ist eine der wichtigsten Fähigkeiten des Kindes. Sie hilft ihm, sich harmonisch zu entfalten. Sie hilft ihm, offen zu sein für die Welt, neugierig zu sein, Interesse an Menschen, Gegenständen, Farben, Bewegungen, Geräuschen, an Erfahrungen wie Schmusen, Spielen, Schaukeln und zahllosen anderen Erlebnissen zu haben. Selbstregulation ist, wie wir gesehen haben, als Anlage bereits am Beginn des Lebens vorhanden. Das Kind entwickelt sie jedoch in den ersten Monaten zu immer größerer Perfektion.

Viele Eltern haben ein sehr sicheres Gefühl dafür, daß ihr Baby in dieser Zeit seinen eigenen Lebensrhythmus finden muß. Weder versuchen sie ihm ihren eigenen aufzuzwingen, noch sind sie übermäßig irritiert, wenn ihr wenige Wochen altes Kind oft mit seinem Schicksal unzufrieden scheint, häufig aufwacht und weint. Sie wissen intuitiv, daß dies ein vorübergehender Zustand ist, der sich schon vom Ende des dritten und Anfang des vierten Monats sehr wandelt. Das heißt, das Schreien wird seltener, die einzelnen Schlafperioden dehnen sich aus. Und auch der Zustand des ruhigen Wachseins, in dem das Baby seine wertvollsten Erfahrungen sammelt, in dem es besonders aufmerksam ist, tritt immer häufiger auf und dauert immer länger.

Die Eltern ahnen, daß ihr Kind Zeit braucht, aber auch ihr Verständnis und Einfühlungsvermögen, um sich ins Leben außerhalb des Mutterleibs hineinzufinden. Sie spüren die Bedürfnisse des kleinen Wesens, interpretieren seine Signale

Es gibt viele Möglichkeiten, ein überaktives Baby zu beruhigen oder ein scheinbar uninteressiertes anzuregen.

Nach dem Ende des dritten Lebensmonats dehnen sich die einzelnen Schlaf- und Wachperioden aus. Die Babys schreien weniger als in den Wochen davor.

Einen bestimmten Tagesablauf zu erzwingen, kann heißen, daß man ein Baby hindert, seinen eigenen Rhythmus zu finden.

– Schreien, Quengeln, den Gesichtsausdruck, die Körpersprache – so gut, daß sie ohne Beunruhigung reagieren können.

Es ist jedoch durchaus nicht ungewöhnlich, daß Eltern das nicht so leicht schaffen: Ihre eigene Fähigkeit, sich selber zu regulieren, das heißt, mit Unruhe und Besorgnis oder Angst umzugehen, funktioniert vielleicht nicht besonders gut, sie geraten leicht in Panik. Oder sie haben, was heute auf die meisten Menschen zutrifft, in ihrem näheren Umfeld noch nie intensiv und über längere Zeiträume mit Babys zu tun gehabt. Vielleicht auch sind sie durch andere Pflichten zu sehr in Anspruch genommen. Und häufig erwarten sie einfach zu früh, ihr Baby müsse selbständig werden, es müsse sich all den praktischen Notwendigkeiten im Tagesablauf anpassen, die aus den Verpflichtungen und Bedürfnissen der Erwachsenen entstehen.

Die hier aufgezählten Schwierigkeiten haben in irgendeiner Form heute zahlreiche Eltern. Sie sind aber auch meist in der Lage, ihr Verhalten nach und nach den Bedürfnissen des Kindes besser anzupassen. Ernste Probleme sowohl für das Kind als auch die Eltern entstehen, wenn das nicht gelingt. Dann wird das Baby in seinem Bestreben nach Selbstregulation gestört. Man erlaubt ihm nicht, seinen eigenen Rhythmus zu finden, sei es aus Unsicherheit und übermäßiger Besorgnis, sei es aus dem Bestreben, einen bestimmten Ablauf zu erzwingen. Das Resultat ist dann genau das, was die Eltern gern vermeiden wollten: Nämlich ein Baby, das nie richtig zur Ruhe zu kommen scheint, das schreit, wenn andere schlafen. Es heißt dann, das Kind sei verwöhnt: In Wahrheit hat man es nur gehindert, sich selber zu finden, so wie es die Natur vorgesehen hat. Verwöhnung gibt es in den ersten Lebensmonaten nicht. Was wir so zu nennen pflegen, bedeutet in der Regel nichts anderes, als daß Erwachsene die Bedürfnisse eines Kindes falsch interpretieren und falsch beantworten.

Die französische Kinderärztin Marie Thirion schildert an einem Beispiel, wie solche »Unord-

nung« zustande kommen kann: Viele Eltern nehmen ihr wenige Tage oder Wochen altes Baby sofort hoch, wenn es nur die kleinsten Quengel-Laute von sich gibt. Sie bemerken gar nicht, daß sich das Kind nur in einer Phase unruhigen Schlafs befindet, der, wenn man ihn nicht stört, bald wieder in einen ruhigeren übergeht. Mit dem Hochnehmen wecken sie das Kind. Es beginnt zu schreien und findet seinen Rhythmus nicht mehr. Das heißt nicht, daß Eltern nicht auf kleine Signale reagieren dürfen. Es heißt nur: Sie sollten die ersten Tage und Wochen mit ihrem Baby nutzen, um es so gut und intensiv kennenzulernen, daß sie seine Sprache verstehen. Daß Eltern über diese Fähigkeiten verfügen, ohne vorher eine Schule zu besuchen, haben wir im Kapitel III bereits dargelegt.

Es ist kein Zufall, daß hier dem Thema Selbstregulation so viel Raum eingeräumt wird. Kinderärzte, die von völlig erschöpften Eltern aufgesucht werden, weil das wenige Wochen oder Monate alte Baby nie zur Ruhe kommt und auch sie niemals Erholung finden läßt, können ein Lied davon singen, wie dankbar und froh Mütter und Väter wären, wenn ihr Sohn oder ihre Tochter zu den wunderbar ausgeglichenen gehörte und nicht zu den nervenzermürbenden Schreihälsen. Einige dieser Eltern sind schon erleichtert, wenn sie erfahren, daß ihr Kind Zeit braucht bei seiner »Arbeit« der Anpassung. Sie bringen dann eher die notwendige Geduld und Gelassenheit auf. Anderen hilft es, wenn sie sich klarmachen, daß Babys schon ihren eigenen Charakter haben, der weder dem des Vaters oder der Mutter noch dem der älteren Geschwister gleichen muß. Sie sollten also nicht zuviel darauf geben, wenn Großeltern oder Nachbarn – meist im Ton unverhohlener Verachtung – betonen: »So etwas kennen wir von unseren Kindern nicht.« Wie eine Antwort auf solche Belehrungen liest sich, was die Verhaltensbiologin Mechthild Papoušek (Max-Planck-Institut für Psychiatrie, München) schreibt: Eltern befänden sich gegenüber ihrem Baby und besonders dem Neu-

geborenen »in einer nicht immer leichten Anpassungs- und Lernphase, in der sie sich mit seinen individuellen Eigenheiten, seinem Temperament, seinen spezifischen Bedürfnissen und Ausdrucksformen vertraut machen und etwaige Diskrepanzen zwischen dem erträumten Baby und der Wirklichkeit annehmen müssen«. Erschwerend komme noch hinzu, daß die Wochen nach der Geburt für die Mutter »eine Phase physiologischer Erholungs- und Umstellungsprozesse und meist erhöhter physischer und psychischer Labilität« seien. So können, erklärt Mechthild Papoušek, eigene Versagensgefühle und erzieherische Ratschläge »die Entfaltung der intuitiven elterlichen Fähigkeiten hemmen, die einer natürlichen Unbefangenheit im Umgang mit dem Baby bedürfen und der Bereitschaft, sich uneingeschränkt auf seine kommunikativen Signale einzulassen«. Es wundere nicht, schreibt die Wissenschaftlerin, daß es in dieser Phase der wechselseitigen Anpassung zwischen Eltern und Kind häufig »zu anhaltenden Episoden von anscheinend grundlosem Unbehagen und Schreien« komme.[43]

Nicht nur Eltern, sondern auch Wissenschaftler beschäftigt also die Frage: Warum schreien Babys eigentlich? Die Antwort scheint zunächst einfach: Weil sie einerseits nicht sprechen können, andererseits aber besonders viele geradezu lebenswichtige Bedürfnisse haben, und drittens, weil sie in diesen Bedürfnissen fast ganz und gar von den Eltern abhängig sind. Jedoch: Nicht nur die Befriedigung von Hunger wird mit Schreien gefordert, sondern auch schützendes und liebevoll fürsorgliches Verhalten. Schreien ist also ein weitreichendes Kommunikationsmittel, das auch hilft, eine Bindung zwischen Mutter (ständiger Bezugsperson) und Kind entstehen zu lassen. Einige Studien im Rahmen der Bindungstheorien von Bowlby, Ainsworth und Bell zum Beispiel haben diesen Aspekt als sozusagen »überlebenswichtig« hervorgehoben.

Daß eine angemessene und prompte Antwort der Eltern auf die »Schreisprache« ihres Kindes

Der acht Monate alte Nicolaus versucht, sich unter einem Tuch zu verstecken. Er ahmt nach, was er – ebenfalls im Spiel – von der Mutter gelernt hat: »Ich verschwinde für eine Weile, aber ich komme wieder. Du kannst dich darauf verlassen, daß ich auch noch da bin, wenn du mich nicht siehst.«

Mütter können ihre Babys gleich nach der Geburt an der Stimme erkennen. Sie lernen schnell, richtig zu interpretieren, welches Bedürfnis das Kind mit seinem Schreien ausdrückt.

Erfolg hat, zeigen transkulturelle Vergleichsstudien: Bei Naturvölkern, die ihre Babys häufig stillen, sie am Körper tragen und sie auch nachts körpernah bei sich haben, weinen Babys erheblich weniger als bei uns. Sie schreien vor allem bei Schmerz oder Verlassenheit.

Das heißt: Es gibt also auch kulturspezifische Unterschiede im Verhalten des Babys. Mechthild Papoušek meint, das häufigere und anhaltende Schreien der Säuglinge bei uns sei der Preis für kulturelle Verhaltensweisen wie sofortige Trennung des Kindes von der Mutter, frühe Entwöhnung, große Abstände zwischen den Mahlzeiten und geringe Reaktionsbereitschaft der Erwachsenen auf das Weinen der Babys, kurz, für eine Welt, in der »Babybettchen, getrennte Kinderzimmer, Ställchen und andere Einrichtungen, die das Kind von der Mutter fernhalten, die Regel sind«.[44]

Daß Mütter jedoch auch bei uns über die Fähigkeit verfügen, sensibel auf das Weinen ihrer Kinder zu reagieren, zeigen zahlreiche Untersuchungen. Dabei scheinen sie für die allerersten Tage nach der Geburt mit einem erstaunlichen biologischen Verhaltensprogramm ausgestattet zu sein: Eine französische Untersuchung der Universität Besançon von Anne-Sophie Cismaresco[45] zeigt, wie gut Mütter in der Lage sind, ihre neugeborenen Babys ausschließlich an ihrem Schreien zu erkennen. Die Wissenschaftlerin konstatierte dabei ein merkwürdiges, vielleicht mit der hormonellen Situation der Mutter zusammenhängendes Phänomen: Am besten konnten die Mütter ihre Babys am dritten und am achten Tag nach der Geburt an der Stimme und der Art des Schreiens identifizieren, am schlechtesten gelang es ihnen am sechsten Tag. Jedenfalls erkannten 46 Prozent ihre Babys schon am ersten Tag.

Im weiteren Verlauf des Anpassungsprozesses zwischen Kind und Mutter genügt diese biologische Erstausstattung jedoch nicht mehr. Die Ausdrucksfähigkeit des Babys wird von Tag zu Tag und von Woche zu Woche größer. Schreien ist nicht gleich Schreien. Es kann in unterschiedlicher Weise unterschiedliche Bedürfnisse ausdrücken. Mit dem biologischen Grundprogramm allein kommt die Mutter darum bald nicht mehr aus. Nur der enge und ständige Kontakt, die Bereitschaft, das Kind zu beobachten und seine Bedürfnisse zu erfassen, erlauben ihr später, die ganz verschiedenartigen Appelle des Babys zu verstehen und zu interpretieren. Darum haben es Mütter, die schon in den ersten Lebensmonaten ihres Kindes täglich viele Stunden abwesend sind, schwerer, mit Weinen und Schreien angemessen umzugehen. Papoušek: Es ist »wichtig, die individuellen Eigenheiten des Kindes gut zu kennen und den jeweiligen Kontext zu verstehen«.[46]

Um dieses Verstehen ist die heutige Elterngeneration in der Regel bemüht. Die Auffassung, Schreien sei gesund, gehört der Vergangenheit an. Eine neue Schwierigkeit zeigt sich jedoch: Mit den erweiterten Kenntnissen über die frühen Bedürfnisse des Babys, dem Wunsch nach natürlicher Geburt, engerem Kontakt zwischen Mutter und Kind, Rooming-in, vermehrtem Stillen, Füttern nach Bedarf und deutlicher Einbeziehung des Vaters, »scheint die Empfindlichkeit gegenüber dem Schreien angewachsen zu sein. Zunehmend wird der Umgang mit dem schreienden Baby als Problem erlebt und in Beratungsstellen und ärztlichen Sprechstunden als solches erkannt und behandelt«. Man müsse sich fragen, resümiert M. Papoušek, ob das Schreien der Säuglinge zugenommen habe, ob die Belastbarkeit der Eltern geringer geworden sei oder ob sich einfach ihre Einstellung geändert habe.[47] Interessant ist in diesem Zusammenhang, was die amerikanischen Autoren Judy F. Rosenblith und Judith E. Sims-Knight in ihrem Buch über die Entwicklung des Kindes in den ersten beiden Jahren berichten[48]: Danach reagierten Väter ebensogut wie Mütter mit Zärtlichkeit und Fürsorglichkeit auf ihre weinenden Babys. Sie konnten das Schreien ihrer Kinder annähernd gleich gut interpretieren, während ihnen dies mit fremden Kindern weniger gut gelang. Beide Eltern fanden Schmerzensschreie am unangenehmsten und als am meisten Spannung auslösend. Einige Beobachtungen ergaben, daß Frauen geringfügig besser sind, wenn es um das Erkennen der Schrei-Stimuli, also der Ursachen, ging. Die Autoren ziehen daraus den Schluß, dies könne die These untermauern, daß Frauen, anders als Männer, »programmiert seien, auf Stimuli zu reagieren, die für das Überleben wichtig sind«.

Obwohl die meisten Eltern heute versuchen, ein schreiendes Baby möglichst rasch zu beruhigen, befürchten viele immer noch, sie könnten das Kind damit verwöhnen, das heißt, seine Schreibereitschaft verstärken. Die moderne Forschung zeigt, daß diese Befürchtungen ungerechtfertigt sind, ja, daß im Gegenteil »promptes Beantworten des Schreis im ersten Trimenon (den ersten drei Monaten) zur Verminderung des Schreiens in der weiteren Entwicklung führt«.[49] Ignorieren des Schreiens in dieser Zeit habe dagegen – allen Lerntheorien zum Trotz – eine Verstärkung und Beibehaltung des Schreiens als überwiegendes Kommunikationsmittel zur Folge (Bell und Ainsworth, 1972 u. 1977).

Längerfristige Beobachtungen erweisen, daß Kinder, deren Schreien von den Eltern oder Bezugspersonen mit einer prompten Reaktion beantwortet wurde, sich später positiver in ihrer Mitteilungsfähigkeit entwickelten. Während Babys, die schon früh die Erfahrung gemacht haben, daß sie lange und laut schreien müssen, bevor sich die Eltern zu irgendeiner Reaktion herbeilassen, später nur mit Schwierigkeiten fein abgestufte, differenzierte Formen der Kommunikation lernten. M. Papoušek meint darum, es sei für das Baby eine wichtige Erfahrung, »ob und wie feinfühlig die Eltern bereits auf erste stimmliche Andeutungen von Unbehagen oder Behagen reagieren, solange das Baby in einem Verhaltenszustand ist, der ihm die Integration von Erfahrungen erlaubt«.[50] Mit anderen Worten, wenn bei einem Baby durch anhaltendes verzweifeltes Schreien bereits alle Sicherungen durchgebrannt sind, ist es nicht mehr in der Lage, irgend etwas zu lernen.

Viele Eltern meinen, ihr Kind schreie besonders ausdauernd. Untersuchungen über die Schreidauer bei amerikanischen Kindern (Brazelton 1962[51]) ergaben, daß die Babys in den ersten zwei Wochen etwa 1¾ Stunden am Tag schrien; bis zur 6. Woche wurden es 2¾ Stunden, und erst von der 12. Woche an sank die Schreidauer unter eine Stunde am Tag. Am meisten schrien alle Kinder zwischen 18 und 23 Uhr.

Immer wieder haben Eltern und Fachleute nach Gründen für die sogenannten »Schreistunden« gesucht. Am häufigsten hat man Zusammenhänge mit der Nahrung angenommen, z.B. sinkende Nährstoffkonzentration der Muttermilch gegen Abend, oder »Bauchschmerzen« aller Art, Koliken. Drei Faktoren, die das Wohlbefinden des kleinen Säuglings beeinträchtigen können, wurden jedoch selten in Betracht gezogen, schreibt M. Papoušek: die chronobiologische Anpassung (das heißt also der Lebensrhythmus des Babys), meteorologische Einflüsse und die integrativen Bedürfnisse des Säuglings.

Die sogenannten zirkadianen (Tagesablauf-) Rhythmen regulieren sich nach und nach im Laufe der ersten vier Lebensmonate. Schlafzeiten z.B. verlagern sich erst nach einigen Wochen mehr in die Nacht. Zudem kann der innere Rhythmus des Babys ein wenig kürzer oder länger als der äußere 24-Stunden-Rhythmus sein. Erst mit zwei bis vier Monaten werde eine Synchronisation erreicht, erklärt M. Papoušek. Aber auch die innere Organisation und Synchronisation der einzelnen Wach- und Schlafstadien sind bei der Geburt noch nicht voll ausgereift. Der Übergang vom Wachen zum Schlaf ist häufig langwierig, das Einschlafen schwierig und von motorischer Unruhe begleitet. Anders als beim Erwachsenen beginnen die Schlafperioden in den ersten Wochen beim Baby mit dem aktiven und nicht dem tiefen Deltaschlaf.[52] So ist es nicht verwunderlich, daß, wie bereits erwähnt, viele Eltern diese erste Schlafperiode ihres Babys

Väter reagieren genauso sensibel wie Mütter auf die Signale – auch auf Weinen – ihres Babys. Sie fürchten jedoch etwas häufiger, daß sie es verwöhnen, wenn sie es sofort beruhigen.

Lächeln ist ein starkes Signal, das mehr ausdrücken kann als nur Vergnügen: Es ist auch ein Indikator für die geistige Entwicklung des Kindes, und es ist eine unwiderstehliche Aufforderung an die Eltern, sich ihm mit Interesse und Wärme zuzuwenden.

als Wachsein mißdeuten und es hochnehmen, so daß es dann noch mehr Schwierigkeiten hat, zur Ruhe zu kommen.

Für die Eltern beruhigend mag immerhin die Tatsache sein, daß solche Schwierigkeiten nach dem dritten, vierten Monat stark abnehmen. Sie dürfen dann also mit einem »friedlicheren« Baby rechnen – vorausgesetzt, sie haben nicht die Bemühungen ihres Kindes, seinen eigenen Rhythmus zu finden, bereits nachhaltig durcheinandergebracht.

Daß – als zweite von M. Papoušek angeführte Schreiursache – das Wetter nicht nur auf Erwachsene, sondern auch auf Babys einen Einfluß hat, erstaunt kaum. Es ist eher verwunderlich, daß vor der Münchner Psychobiologin noch niemand auf die Idee gekommen ist, solche Zusammenhänge zu untersuchen. Bei Föhn und langsamen Wetterumschlägen hatten die beobachteten Kinder starke Schwierigkeiten beim Einschlafen, bei raschem Wetterumschlag dagegen schliefen sie auffallend plötzlich ein. Auch Schreien oder Anzeichen von Wohlbefinden ließen sich im Zusammenhang mit dem Wetter beobachten. Den Babys scheint es nicht anders zu gehen als uns: Bei stabilem Schönwetter lächeln sie mehr, kommen schneller zur Ruhe und schlafen vergleichsweise problemlos und lange.

Als dritte, wenig beachtete Schreiursache nennt M. Papoušek schließlich: Das nicht ausreichend befriedigte Bedürfnis des Babys, ihm bei seinen Bemühungen, die Umwelt mit allen Sinnen wahrzunehmen, sie zu entdecken und sie zu beeinflussen, zu Hilfe zu kommen. Ein Neugeborenes und wenige Monate altes Baby braucht diese Hilfe durch die Eltern. Gerade dieses Bedürfnis, in dem es sich als soziales Wesen zeigt, wird von Erwachsenen häufig nicht verstanden. Sie beklagen sich, daß das Kind schreie, *nur* um Gesellschaft und Unterhaltung zu haben. Mütter, die sich so ausdrücken, erleben den Wunsch ihres Kindes nach Aufmerksamkeit als Überforderung, wenn nicht sogar als Zumutung und Manipulation. Die wichtigste, beliebteste und

für den kleinen Säugling unersetzbare Unterhaltung sei aber nun einmal das Zwiegespräch mit einer vertrauten Bezugsperson, gibt M. Papoušek zu bedenken.

Für das richtige Maß an Anregung und Ruhe gibt es kein Patentrezept. Jedes Elternpaar muß für sein Kind herausfinden, was ihm gut tut, und sich immer wieder seinen sich ständig verändernden Bedürfnissen anpassen.

Neben dem Weinen und Schreien ist Lächeln ein eindeutig soziales Verhalten. Mit Lächeln teilt das Kind seiner Umwelt ein positives Gefühl mit. Das Babylächeln interessiert Wissenschaftler unter ganz verschiedenen Aspekten:
1. zum Beispiel als eine angeborene Ausdrucksfähigkeit für Vergnügen oder ein starkes Gefühl;
2. als ein Verhalten, das bestimmt ist, eine Reaktion der Eltern (oder anderer Erwachsener) hervorzurufen;
3. als eine Reaktion, die erlernt und der Umwelt angepaßt – also verstärkt oder vermindert – werden kann;
4. als ein Indikator für die kognitive Entwicklung.

Bereits Neugeborene lächeln. Zum Unterschied von dem späteren sozialen, dem »wirklichen« Lächeln, bezeichnet man dieses erste, wie ein Lichtstrahl über das Gesicht des wenige Tage alten Babys huschende Lächeln als Reflexverhalten. Das Kind verzieht dabei nur die Muskeln der unteren Gesichtshälfte, während später auch die Augen mitlächeln. Die allgemein übliche Unterscheidung in spontanes, reflexives einerseits und soziales Lächeln andererseits ist sicher nicht besonders glücklich. Was sozial ist, entscheidet schließlich die Definition. Da das erste Lächeln von Müttern als sozialer Reiz empfunden wird und sie anregt, sich ihrem Baby zärtlich und mit beruhigenden oder aufmunternden Worten zuzuwenden, könnte man es unter diesem Gesichtspunkt durchaus als soziales Verhalten bezeichnen. Das frühe Lächeln kann am besten durch eine hohe Stimme hervorgerufen werden.

Schon in der dritten Woche ändert sich die Art

des Lächelns: Die Augen werden miteinbezogen, das Kind lächelt jetzt, wenn es hellwach ist. Mit vier Wochen lächelt es z. B., wenn man mit dem Kopf nickt oder in die Hände klatscht (wie bei »Backe-backe-Kuchen«). Später wirken Sehreize wie ein rhythmisch bewegtes Gesicht stärker als Hörreize.

Nach und nach wird das Lächeln als Antwort auf bestimmte Reize selektiver. Dieses selektive Lächeln schließlich wird als wirklich »soziales« bezeichnet. Die Neigung zur Bevorzugung (Selektion) bestimmter Reize entwickelt und verändert sich im Laufe der Zeit. So hat man zum Beispiel herausgefunden, daß Babys in den ersten Monaten (nach der sechsten Woche) Menschen unabhängig von deren Gesichtsausdruck oder Stimme anlächeln, während sie mit fünf bis sieben Monaten den Gesichtsausdruck des Erwachsenen übernehmen.

Im Unterschied zum Lächeln ist das Lachen beim Neugeborenen noch nicht zu beobachten. Es taucht bei vielen Babys zwischen zwölf und 16 Wochen auf, manchmal aber auch sehr viel später. Wenn Eltern ihre Kinder zum Lachen bringen wollen, kitzeln sie sie meist und erreichen das auch bei Babys zwischen 24 und 52 Wochen. Andere Lachen auslösende Reize sind: Spiele mit überraschenden Effekten, überraschende Geräusche, Bewegungen oder Bewegungsspiele. Am stärksten wirken bei jüngeren Babys Berührungs- und Bewegungsreize. Später lachen Babys, wenn die Mutter ihr Gesicht oder Gegenstände versteckt, wenn sie »guck, guck« spielt. Da das Baby mit Lachen besonders auf stark erregende Situationen reagiert, ist sein Lachen oft ganz nah am Weinen. Dabei spielt es eine entscheidende Rolle, ob die Situation verstanden wird. Schwerer verständliche Reize rufen nur bei älteren Kindern Lachen hervor. Man hat auch beobachtet, daß jüngere Babys erst lachten, wenn die Situation abgeschlossen war, während ältere dies bereits vorher taten. Mit anderen Worten: Erst ein im Laufe der Monate erreichter kognitiver Entwicklungsstand setzt das Kind in die Lage, eine Situation zu verstehen und das Ende schon am Anfang vorhersehen zu können.

Ähnlich wie es Kagan für die kognitive Entwicklung schildert (*siehe Kapitel VI, S. 69*), gilt auch beim Lachen, daß es am besten durch einen Reiz ausgelöst wird, der zwar sehr überraschend ist, aber nicht so sehr, daß er Angst auslöst. Eltern kennen die Grenze zwischen Lachen und Weinen bei ihrem Kind meist ganz genau. Sie wissen aus Intuition und der Erfahrung im Umgang mit ihrer kleinen Tochter oder dem Sohn recht gut, wie weit diese jeweils im Stand ihrer Erkenntnis der Welt sind. Sie wissen es, ohne irgendein Buch über die sogenannte kognitive Entwicklung gelesen zu haben. Manchmal jedoch mögen sie sich nach den Gründen bestimmter, fast plötzlich auftauchender Fähigkeiten oder Verhaltensweisen ihres Kindes fragen. Warum zum Beispiel fängt das sieben bis acht Monate alte Baby an zu weinen, wenn sich ihm ein Fremder nähert, obwohl es das vorher nicht getan hat? Sein Verhalten – Lachen oder Weinen – hat etwas mit seinem Verstehen, mit der Unkenntnis oder Kenntnis seiner selbst und der ihn umgebenden Welt zu tun. Das nächste Kapitel schildert, auf welche Weise das Kind lernt, wie seine Umwelt beschaffen ist und was man mit ihr anfangen kann.

In erregenden Situationen ist das Lachen eines Babys manchmal dem Weinen ganz nah. Eltern kennen diese Grenze bei ihrem Kind meist sehr genau.

Wie lernt das Baby die zahllosen Eindrücke und Erfahrungen, die auf es einstürmen, in eine sinnvolle Ordnung zu bringen? Wie lernt es, die Welt zu verstehen? Auch hier gibt es einen von der Natur weitgehend vorgegebenen Entwicklungsablauf. In Übereinstimmung und im Zusammenspiel mit seiner Bewegungs-, Wahrnehmungs- und Sozialentwicklung entfaltet es seine geistigen Fähigkeiten.

Warum Babys bestimmte Dinge tun, warum sie dies meistens in bestimmten Altersstufen und in einer bestimmten Reihenfolge nacheinander erlernen, diese und viele andere Fragen versuchte der Schweizer Psychologe Jean Piaget (1896–1980) im Rahmen seiner Theorie der kognitiven Entwicklung zu beantworten. Sie bedeutete für unser Verständnis des Kindes eine Art Revolution.

Die heutige Vorstellung von der Intelligenzentwicklung basiert im wesentlichen auf Piagets Beobachtungen und Gedanken. Daran ändert auch die Tatsache nichts, daß sich hinzugekommene Entwicklungsmodelle kritisch und in manchem abweichend mit seiner Theorie auseinandersetzen. Wir wollen darum seine Sicht der sogenannten kognitiven (die Welt aktiv kennenlernenden) Entwicklung des Babys, die er intensiv an seinen eigenen drei Kindern beobachtete, kurz zusammenfassen.

Nach Piagets Auffassung wird das Kind mit einem umfangreichen Potential von Möglichkeiten geboren. Es kann diese jedoch nur in der Interaktion mit den Personen und Dingen, die es umgeben, entfalten: Seine Kenntnis und Erkenntnis der Welt entwickelt sich, baut sich im Zusammenspiel mit ihr auf. Wir haben anfangs bereits gesehen (Kapitel I bis III), daß Neugeborene mit den ihnen angeborenen Reflexen und ihren erstaunlichen Wahrnehmungsfähigkeiten handelnd Einfluß auf die Umwelt (z. B. die Mutter) nehmen können, indem sie saugen, schauen, weinen, greifen. Diese Fähigkeiten entwickeln sich in einem Anpassungsprozeß (Adaptations-

prozeß) zu kognitiven Strukturen, die wiederum die Basis bilden für unsere Kenntnis der physikalischen Welt einerseits und für unser Verständnis allgemeiner Prinzipien andererseits. Piaget spricht darum von einem Adaptationsmodell.

Kinder nehmen, so meint Piaget, neue Informationen auf, wenn diese in das bereits Erfahrene, Verstandene, hineinpassen. Ist das nicht der Fall, haben sie zwei Möglichkeiten zu reagieren: Entweder sie ignorieren das Neue einfach (vor allem dann, wenn es zu weit von ihrem bisherigen Verständnis weg ist) oder sie versuchen, ihre bereits vorhandenen Erkenntnisse dem Neuen anzupassen, so daß sie in irgendeiner Weise damit umgehen können.

Die Aufnahme (Assimilation) und Anpassung (Akkomodation) nennt Piaget Adaptation. Und Adaptation findet immer in einem Verhältnis zum Verstehen statt. Neue Erfahrungen werden vom Kind so oft in Handlungen wiederholt, bis sie sogenannte kognitive Strukturen formen. Diese können wir auch Verhaltensschema nennen. Ein Schema erlaubt dem Kind, den Sinn und die Bedeutung einer Sache einzuordnen und sich daran zu erinnern.

Ein Beispiel mag verdeutlichen, wie ein solcher Prozeß vor sich geht: Einem zehn Monate alten Baby wird eine Rassel hingehalten. Es hat schon vorher mit Rasseln gespielt und gelernt, wie man damit umgeht, damit sie klappern. Das kleine Mädchen nimmt die neue Rassel, erfühlt mit dem Mund ihre Konturen und schüttelt sie schließlich. Es klappert, und sie lächelt. Sie schüttelt das Spielzeug wieder und wieder. Diesen Gegenstand, das ist offensichtlich, hat sie

Indem es sich handelnd neuen Situationen und Erfahrungen anpaßt, macht das Kind im Erkennen und Verstehen seiner Welt Fortschritte. Es versucht alles Neue in bei ihm bereits vorhandene Schemata einzugliedern.

Der elf Monate alte
Nicolaus hat mit sei-
ner Fähigkeit, sich an
Möbeln aufzurich-
ten, bisher noch un-
bekannte Bereiche
für seinen For-
schungsdrang er-
obert. Schnell findet
er heraus, daß die
Knöpfe an der Ste-
reoanlage Musik her-
vorrufen können,
wenn er an ihnen
dreht. Er blickt die
Eltern an, so als er-
warte er eine zustim-
mende ermunternde
oder eine verneinen-
de Reaktion.

bereits in das Schema der Dinge aufgenommen, die man schütteln kann und die dann Lärm machen. Danach gibt man der Kleinen ein Stofftier, das Krach machen kann, wenn man einen Schlüssel in seinem Rücken herumdreht. Wieder ertastet sie das Spielzeug einschließlich des Schlüssels mit dem Mund. Sie schüttelt das Tier, aber sie versteht nicht, den Schlüssel zu drehen. Dieses Spielzeug ist zu fremdartig, um in ihr Schema eingeordnet zu werden, denn beim Schütteln macht es keinen Lärm, und sie kann vom Schütteln nicht zum Drehen des Schlüssels übergehen. So läßt sie das Spielzeug fallen und nimmt ein anderes. Es ist ein eiförmiger Plastikbehälter, der halb mit kleinen Murmeln gefüllt ist. Er hat einen langen Griff, an dem man das Ei ziehen kann. Das Mädchen schafft es nicht, das Plastikei in einer Hand zu halten und wie eine Rassel zu schütteln, denn es ist zu groß. Sie kann es auch nicht am Griff wie eine überdimensionale Rassel halten und schütteln, denn dazu fehlt ihr die Kraft. Sie kann sich aber dem Objekt anpassen: Sie faßt nach dem langen Griff, wobei das Ei am Boden bleibt, und bewegt nun Arm und Hand auf und ab, so daß das Ei dabei vor- und rückwärts bewegt wird. Dabei klappert es. Auf diese Weise ist das kleine Mädchen in der Lage, ihr Verhaltensschema dem neuen Objekt anzugleichen – das heißt, ihr Schema ein wenig so zu verändern, daß es den Erfordernissen des neuen Gegenstandes entspricht: So kann sie das neue Spielzeug in ihr Schema aufnehmen, einbeziehen.

An diesem Beispiel wird deutlich, daß es sich um einen wechselseitigen Prozeß handelt: Der neue Stimulus fordert sie sozusagen heraus, ihr Schema anpassend zu verändern. Ist das geschehen, kann er in dieses Schema aufgenommen werden.[53]

Durch solche Adaptationsprozesse schreitet das Kind von einem Entwicklungsstadium zum anderen fort. Die erste Periode der kindlichen kognitiven Entfaltung ist für Piaget die der sensomotorischen Entwicklung: Sie erstreckt sich

Ein zehn Monate altes Baby benutzt ein unbekanntes Spielzeug zunächst so, als funktioniere es wie ein bereits bekanntes.

Mit Vorliebe wiederholen acht Monate alte Babys Handlungen, die Mittel zu einem bestimmten Zweck sind: Der Erfolg feuert sie zu immer neuen Versuchen an. Das heißt aber nicht, daß ein Kind in diesem Alter bereits den Zusammenhang zwischen Ursache und Wirkung begreift.

etwa über zwei Jahre. Der Wissenschaftler unterteilt sie wiederum in sechs Stadien. Vier davon erlebt das Kind im ersten Lebensjahr.

Im ersten Stadium, das von der Geburt bis zum Ende des ersten Monats dauert, sind Babys für Piaget mehr oder weniger Reflexwesen. Fähigkeiten, wie sie ihnen andere Forscher zugestanden haben – z. B. daß sie imitieren (*siehe Kapitel I*) und auch Muster und bekannte Gesichter wahrnehmen können, daß sie bereits zu einer gewissen Koordination verschiedener sensorischer Erfahrungen in der Lage sind und Objekte im dreidimensionalen Raum erfassen können –, solche Fähigkeiten waren für den Schweizer Psychologen noch unbewiesen.

Im zweiten Stadium – von einem bis vier Monaten – macht das Baby einen entscheidenden Fortschritt: Es wiederholt viele Handlungen unablässig. Zum Beispiel bewegt es immer wieder den Arm auf und ab, oder es lutscht am Daumen, oder es steckt häufig die Zunge heraus. Nach einer Reihe von Wiederholungen hält es plötzlich inne. Später beginnt es fast rhythmisch das ganze von vorn.

Am Anfang erkunden Babys auf diese Weise den eigenen Körper, indem sie zum Beispiel die Hand öffnen und schließen, später sind es Objekte.

Verhaltensschemata wie Schauen, Saugen und Greifen werden in diesem Stadium bereits koordiniert.

Im dritten Stadium – von vier bis acht Monaten – verbessert das Kind seine Fähigkeit, die Welt zu erobern beträchtlich: Bisher konnte es zwar greifen und schauen. Jetzt kann es das, was es ergreift, auch richtig betrachten. Dinge bekommen nun sowohl Seh- als auch Berührungs- und Hördimensionen. Solche Wahrnehmungserfahrungen werden jetzt besser miteinander verknüpft. Obwohl Gegenstände und neue Reize eine größere Rolle für das Kind zu spielen beginnen, ist das Verstehen der Welt, meint Piaget, in diesem Stadium immer noch fest mit den eigenen Handlungen verbunden. Ein besonderes

Phänomen dieses Entwicklungsstadiums ist, daß Babys ein ausgeprägtes Vergnügen daran haben, interessante Erlebnisse möglichst lange dauern zu lassen und zu wiederholen. Wenn zum Beispiel der Vater oder die Mutter irgend etwas getan haben, was das Kind zum Lachen gebracht hat, entfaltet es oft das ganze Repertoire der ihm zur Verfügung stehenden Verhaltensweisen, bewegt die Arme auf und ab, versucht, sich aufzurichten, schüttelt den Kopf usw., um zu erreichen, daß sich das Spektakel wiederholt. Für Erwachsene ein lustiger Anblick.

In diesem Entwicklungsstadium entsteht die Fähigkeit, Ereignisse miteinander zu verknüpfen. Die Babys wiederholen Handlungen, die Mittel zu einem bestimmten Zweck sind: Sie ziehen an einer Schnur, um einen daran befestigten Gegenstand zu bewegen (siehe Fotos S. 70 und 90). Der Erfolg feuert sie zu weiteren Wiederholungen an. Das heißt allerdings nicht, daß sie die Verbindung von Ursache und Wirkung begreifen, sie haben lediglich zufällig herausgefunden, daß sich beim Ziehen das Spielzeug bewegt. Babys scheinen in dieser Phase auch noch nicht in der Lage zu sein, den Gegenstand losgelöst von ihrer Handlung zu sehen.

Das zeigt sich, wenn man Dinge aus dem Sehbereich des Kindes verschwinden läßt. Das Baby scheint dann nach dem Prinzip »aus den Augen, aus dem Sinn« zu handeln. Es hat noch keine Vorstellung davon, daß Dinge, die nicht mehr zu sehen sind, trotzdem noch da sind. Mit anderen Worten: Für ein Baby dieser Entwicklungsstufe gibt es noch keine Objektpermanenz (ständige Gegenwart eines Objektes). Erst nach vielen Erfahrungen mit Gegenständen, die wegrollen, wegrutschen oder runterfallen und später wieder auftauchen, beginnt das Kind manchmal nach ihnen zu suchen.

Diese Suche nach einem verschwundenen Objekt ist ein wichtiger Fortschritt, der sich allerdings erst allmählich in dieser Phase entwickelt: Wenn die Mutter zum Beispiel ein Spielzeug aus ihrer Hand in ihren Schoß fallen läßt, dann startet das Baby zunächst nur die leere Hand an. Hält sie den Gegenstand tiefer, so daß das Kind ihm besser mit den Augen folgen kann, und macht er außerdem im Fallen noch ein Geräusch, so wird das Kind bald nach ihm suchen. Piagets Beobachtungen ergaben, daß es Kindern leichter wird zu suchen, wenn sie selber den Gegenstand fallenlassen.

Es ist einleuchtend, daß Eltern ihrem Kind genügend Freiheit lassen sollten, die Welt für sich zu erkunden, indem es selbst alle Arten von Erfahrungen sammeln kann. Ihnen zuviel zu zeigen, vorzumachen, z. B. wie man Klötzchen aufeinandersetzt, kann Kinder daran hindern, ihre eigenen Entdeckungen zu machen, die von viel größerer Bedeutung für ihre weitere Entwicklung sind als Dinge, die man ihnen gezeigt hat.

Ihr Lieblingsspiel am Ende des dritten Stadiums ist Guck-guck (siehe Fotos S. 79). Mit diesem Spiel kann die Mutter dem Kind mitteilen: Ich verschwinde auf eine Weile, aber ich komme immer wieder (Siehe Fotos S. 74/75). Dieses Spiel hilft dem Baby, Vertrauen zu bekommen, Vertrauen in Sicherheit, Zuverlässigkeit und die ständige Gegenwart von Objekten. Das wichtigste aller Objekte ist seine Mutter, und es lernt, daß sie nicht fort ist, wenn es sie nicht sieht. Ihr Verschwinden mag das Kind kurz erschrecken, aber es wird sich um so mehr freuen, wenn es ihr Gesicht wieder sieht. Die meisten Kinder fangen in diesem Alter auch an zu babbeln: Mama und Papa sind unüberhörbar.

In der ersten Wahrnehmung der Getrenntheit von der Mutter erlebt das sechs bis acht Monate alte Baby, was die Psychoanalytikerin Margaret Mahler »die psychische Geburt des Kindes« nennt. Langsam begreift das Baby, daß seine Mutter und es selbst zwei getrennte Wesen sind. Sein emotionales Bedürfnis nach ihrer Nähe scheint dadurch nur um so größer zu sein. Wenn Fremde jetzt in seine Nähe kommen und es hochnehmen, beginnt es oft zu weinen. »Es fremdelt«, sagen die Eltern.

Jerome Kagan erklärt dieses Verhalten mit der Unfähigkeit des Kindes, unvertraute Dinge, Ereignisse, Personen in seine eigenen Schemata einzuordnen. Wenn das Kind dieser Situation nicht ausweichen kann, wird es unsicher, es sucht die Nähe seiner Mutter. »Der Ausdruck von Angst angesichts fremder Leute ist eine der deutlichsten Illustrationen dieser These. Das Kind kann das Gesicht, die Haltung und das Verhalten eines Fremden nicht mit seinen Schemata für vertraute Erwachsene in Einklang bringen und wird wachsam. Die Tatsache, daß die typische Angst vor Fremden nicht vor dem sechsten bis siebten Monat auftritt, wird als Erklärung dafür angesehen, daß das Kind vor diesem Alter noch keine gut ausgebildeten Schemata für das Gesicht, die Haltung und das Verhalten der Bezugsperson entwickelt hat und deshalb den Fremden noch nicht als eine davon abweichende Erfahrung erlebt.«[54]

Im vierten Stadium – acht bis zwölf Monate – wird die kognitive Entwicklung des Babys von fast ununterbrochenen Bewegungsaktionen geleitet. Es krabbelt unter Gegenstände, um sie herum, über sie hinweg. Es zieht sich an Möbeln hoch und klettert auch schon auf niedrige Sofas. Während es so seine Bewegungs- und Seherfahrungen kombiniert, entdeckt es eine wirklich dreidimensionale Welt. Der Raum bekommt eine neue Bedeutung: Das Kind betrachtet Möbel aus allen möglichen Gesichtswinkeln und entdeckt plötzlich manches, was es vorher nie gesehen hat.

Während Krabbelkinder so ständig und unermüdlich auf Forschungsreisen zu sein scheinen, beginnen sie in diesem Stadium, ganz erstaunliche Sachen zu machen: Um ein Spielzeug zu erreichen, schieben sie einen anderen Gegenstand beiseite. Sie ziehen an einer Schnur, um etwas daran Befestigtes in Reichweite zu bringen. Sie nehmen ein Tuch weg, das über einem Spielzeug liegt und nehmen dieses dann in die Hand. Im dritten Stadium waren sie dazu noch nicht in der Lage: Sie zogen zwar vielleicht ein Tuch weg, spielten dann aber mit dem Tuch

Das Kind fremdelt: Es kann Gesichter, Körperhaltungen und Verhaltensweisen von fremden Personen nicht mit seinem Schema für vertraute Erwachsene in Einklang bringen.

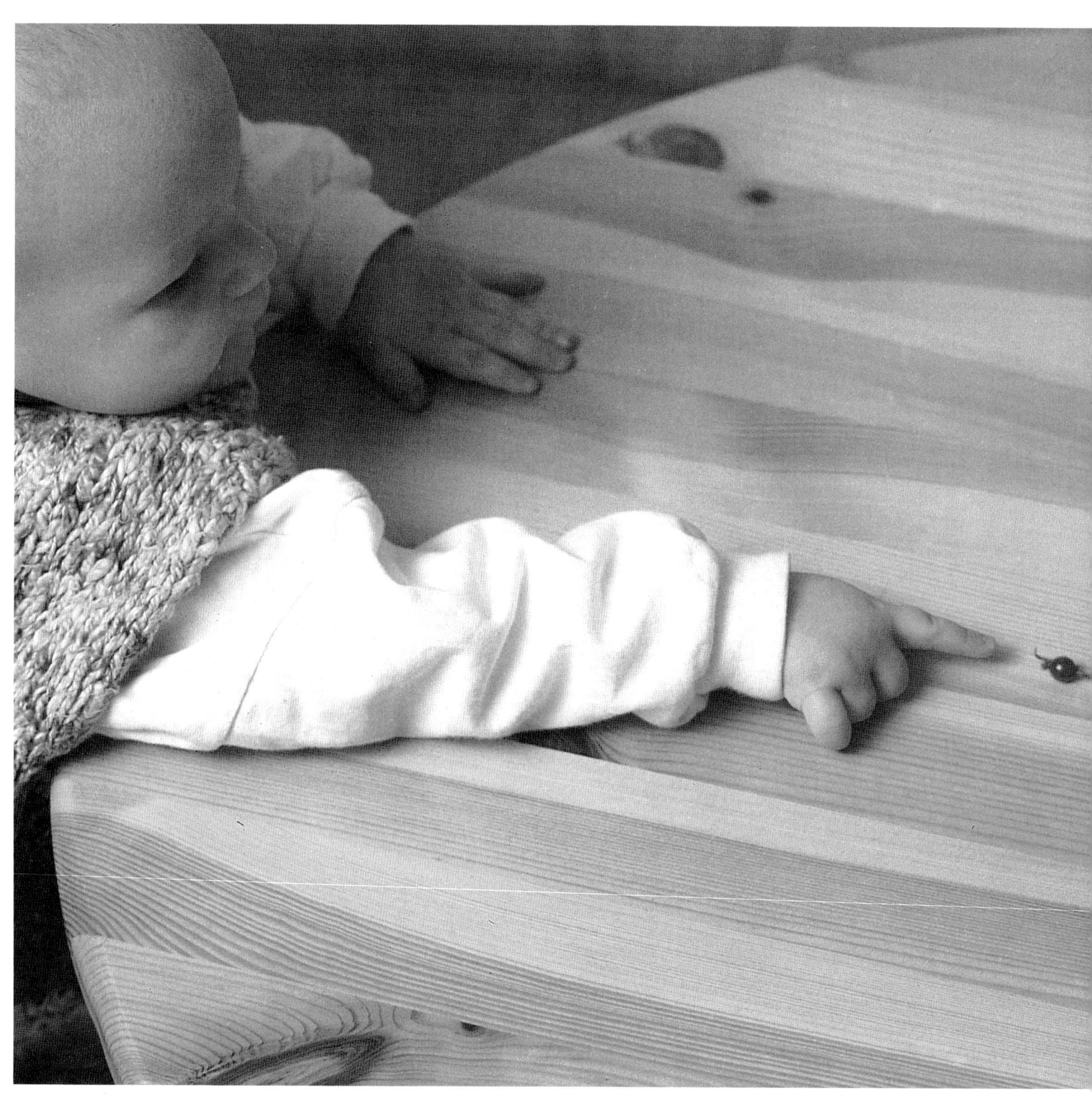

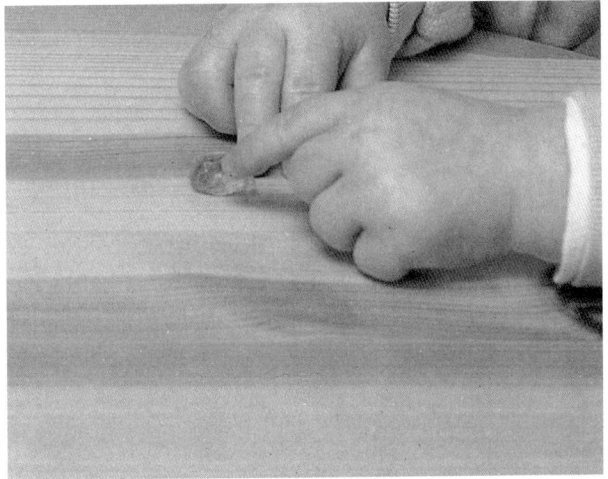

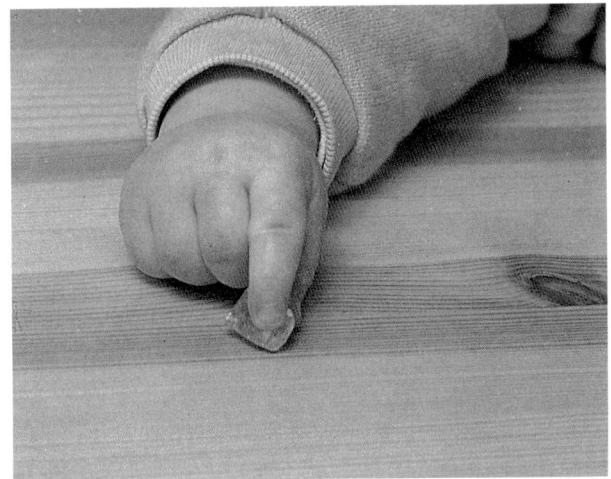

Nicolaus' Finger (Foto links) zielt genau auf die Perle am Ende der Schnur. Er versucht, diese zu erreichen, um den Hampelmann zu sich heranzuziehen. Sein Handeln setzt nicht nur – wie die beiden anderen Fotos zeigen – feinmotorische Geschicklichkeit im Umgang mit kleinen Gegenständen, sondern auch eine fortgeschrittene kognitive Entwicklung voraus: Nach Piagets Modell ist der kleine Junge im dritten Stadium (acht bis zwölf Monate) dieser Entwicklung. In dieser Phase können Kinder auch schon ganz absichtsvoll ein verstecktes Spielzeug unter einem Tuch suchen. Sie handeln schon mit Absicht, mit einem bestimmten Ziel.

Ein Ball, der unter einem Sofa verschwindet, wird vom einjährigen Kind oft dort gesucht, wo es ihn zuvor gesehen hat, z. B. unter dem Sessel.

weiter und vergaßen das eigentliche Ziel, das Spielzeug, das darunterlag.

Was ist passiert? Das Baby hat sich fast unbemerkt zu einer Person entwickelt, die mit Absicht, mit einem Ziel handeln kann. Es benutzt Mittel, um einen bestimmten Zweck zu erreichen. Für Piaget ist dies die erste wirkliche Manifestation von Intelligenz. (Andere Forscher sehen dies viel früher: Wenn das wenige Wochen alte Baby den Arm in Richtung auf ein sich bewegendes Spielzeug ausstreckt, ist es bereits fähig, diese Bewegung zu antizipieren und in seine eigene Handlung – Armausstrecken – einzubeziehen.) Die Erkenntnis, daß ein Mittel zu einem Zweck dienen kann, ist ein wichtiger Schritt auf dem Weg zum Verständnis von Kausalität.

Ein kleines Mädchen nimmt zum Beispiel die Hand des Vaters und schiebt sie in Richtung auf eine an einer Schnur hängende Puppe: Es möchte, daß der Vater die Puppe bewegt, die es selbst nicht erreichen kann. Im dritten Stadium war es dazu noch nicht in der Lage. Das entscheidende Neue dieser Monate ist die Entdeckung, daß man Gegenstände (die Hand des Vaters, eine Schnur) benutzen kann, um etwas zu tun, um mit ihnen wiederum auf andere Gegenstände einzuwirken. Aber die Vorstellung der Babys dieses Alters von Kausalität sei noch nicht reif, schreiben Rosenblith und Sims-Knight,[55] »denn immer noch können sie eine äußere Kausalität nur dann wahrnehmen, wenn sie mit ihren eigenen Handlungen verknüpft ist« (so wie das Mädchen, das die Hand des Vaters nimmt, um sie der Puppe zu nähern).

Daß Gegenstände noch nicht als vollkommen unabhängig von Handlungen wahrgenommen werden, zeigte sich für Piaget an einer merkwürdigen Beobachtung: Ein etwa ein Jahr altes Baby spielt am Fußboden mit einem Ball. Der Ball rollt unter einen großen Sessel, und der kleine Junge krabbelt hinterher. Es gelingt ihm, den Ball hervorzuholen. Das nächste Mal rollt der Ball unter ein Sofa auf der anderen Seite des Zimmers. Das Kind sieht ihn unter den herab-

hängenden Fransen verschwinden und versucht, ihn herauszuholen. Der Ball ist jedoch zu weit weg und die Fransen im Weg. Also steht das Kind auf und geht zum Sessel zurück, unter den der Ball beim ersten Mal gerollt war. Es kriecht darunter und sucht aufmerksam nach dem Ball. Dieser Irrtum ist typisch für Kinder dieses Alters. Der Ball bleibt mit der ersten Handlung verknüpft.

Mit der zunehmenden Geschicklichkeit der Hände untersuchen Babys jetzt auch, was *innen* und *außen*, *oben* und *unten*, *drauf* und *drunter* bedeutet. Sie spielen gern mit Gefäßen, in die man etwas hineintun oder aus denen man etwas herausholen kann. Sie erkunden mit spitzen, bohrenden Fingern alle Öffnungen, einschließlich Münder, Ohren und Augen. Sie sammeln gern kleine Objekte auf, wie Murmeln, Steinchen, Knöpfe, Blätter und sogar Würmer. Beim Essen wollen sie selber den Löffel halten. Sie imitieren, wie die Eltern damit umgehen. Überhaupt setzt die Nachahmung jetzt schon mehr oder weniger bewußt ein. Sie ist eine wichtige Möglichkeit, sich neue Verhaltensweisen anzueignen. Allerdings beschränkt sich die Nachahmung noch auf vertraute oder den vertrauten sehr ähnliche Verhaltensweisen. Auch die Sprache der Eltern versuchen sie jetzt nachzuahmen, was ihnen – mit Gebabbel und einigen dazwischen untergebrachten richtigen Worten – manchmal in verblüffender Weise gelingt. Verstehen können sie am Ende des ersten Jahres schon eine ganze Menge: zum Beispiel einfache Aufforderungen und Fragen wie »Wo ist Papa?«, »Jetzt gibt's Mamamm«, »Wo ist dein Mund?«, »Wo sind deine Augen?«.

Um alle diese Entwicklungsschritte zu erreichen, braucht das Baby in diesem Alter besonders intensive emotionale Unterstützung. Die liebevolle, verläßliche Gegenwart der Eltern ist wichtig, damit es bei seinen überraschenden neuen Erfahrungen mit der Getrenntheit der Dinge – auch seiner Getrenntheit von der Mutter und dem Vater – emotional sozusagen immer wieder auftanken kann. Damit es bestätigt findet, daß zwei zu sein, nicht Alleinsein und Verlassenheit bedeutet.

Was das Kind in diesem Alter *nicht* braucht, ist Erziehung (im Sinne von Belehren, Bestrafen, Geboten, Verboten). Nicht nur, daß sie ihm nicht nützt: Sie kann es sogar nachhaltig an eigenen Erfahrungen und Entwicklungsschritten hindern. Eltern können ebenso wie auf ihre eigene Intuition darauf vertrauen, daß ihr Kind von der Natur mit allen Anlagen versehen ist, die es braucht, um sich zu einem vernünftigen sozialen Wesen zu entwickeln. Der Mensch ist von Anfang an mit einem Programm ausgestattet, das ihn zum Menschen werden läßt: Vorausgesetzt, man erlaubt ihm, in einer menschlichen – und das heißt doch wohl in einer liebevollen, ihm zugewandten, Geborgenheit vermittelnden – Umgebung aufzuwachsen. Das Vorbild einer freundlichen, aufmerksam und einfühlsam miteinander umgehenden Familie ist es, wonach sich das Kind orientieren wird. Dieses täglich erlebte Beispiel läßt es zu dem werden, was Eltern sich wünschen.

Der Mensch ist von Anfang an mit einem Programm ausgestattet, das ihn dazu bestimmt, Mensch zu sein. Er braucht dazu allerdings eine menschliche, das heißt, eine interessierte, liebevolle Umgebung.

Umwelt und Genetik bestimmen die Entwicklung eines Kindes. Das Erbe der Gene ist nur ein Angebot der Natur, es ist auf eine menschliche, emotional und sozial anregende Umwelt angewiesen, um sich zu entfalten. Geborgenheit und verläßlich liebevolle Bezugspersonen sind unabdingbare Voraussetzung zu einem guten Start ins Leben.

Die Diskussion um Anlage und Umwelt, *nature or nurture*, wird seit Jahren mit großer Heftigkeit geführt. Jahrelang war es verpönt, die Genetik überhaupt zur Sprache zu bringen. Wissenschaftler, die wagten, im Zusammenhang mit der Intelligenzforschung zum Beispiel, auf den Anteil der Gene hinzuweisen, mußten mit Morddrohungen rechnen. Umwelt war Mode, alles schien ganz, sollte ganz allein ihr Werk sein. Danach war, ohne daß man sich's versah, die Genetik wieder auf dem Vormarsch. Das öffentliche Interesse entzündete sich vor allem an Genmanipulationen. Inzwischen scheint ein wenig Vernunft eingekehrt. Die Standpunkte nähern sich einander. Der Amerikaner Gilbert Gottlieb, Fachgebiet »Behavioural Embryology«, hat schon vor einigen Jahren sehr anschaulich dargelegt, daß man in einem normalen Entwicklungsprozeß Umwelt und genetisches Programm unbedingt im Zusammenhang sehen müsse.[56]

Unsere Gene, so wird schon in der embryonalen Entwicklung und genauso später in der Kindheit deutlich, sind nur ein Angebot der Natur, ein großzügiges zwar, aber kein uneingeschränktes. So läuft auch nicht einfach, wie man noch vor nicht langer Zeit glaubte, von innen heraus ein genetisches Programm ab, das erst nach seiner Ausreifung zu Funktionen in der Lage ist. Vielmehr werden die Erbanlagen eines menschlichen Fötus und eines Babys ständig äußeren Reizen ausgesetzt. Sie müssen ihnen sogar ausgesetzt sein – allerdings in dem von der Natur von einer Jahrmillionen langen Entwicklungsgeschichte vorgegebenen Rahmen. Im Laufe der gesamten fötalen und frühkindlichen Entwicklung zwingen Außenreize die Gene zu verschiedenen Reaktionen. Sie fördern oder hemmen Entwicklung. Je nach dem Reifestadium, in dem sich z. B. das ungeborene Kind befindet, können schädliche Einflüsse, wie Gifte oder Krankheitskeime, zu Gestaltmißbildungen oder später durch Medikamente und Sauerstoffmangel zu Hirnfunktionsstörungen führen.

Auch wenn das Kind bereits geboren ist, drohen ihm noch solche Gefahren: Wenn es Medikamente bekommt, die nicht genau gesteuert oder deren Nutzen bzw. Schaden nicht verantwortungsvoll gegeneinander abgewogen wurden. Dick F. Swaab vom Niederländischen Institut für Brain Research wies auf dem 2. Europäischen Symposium über Entwicklungsneurologie in Hamburg (1985) darauf hin, daß Mittel wie Barbiturate, Psychopharmaka (Diazepam z. B.), Sexualhormone, Corticosteroide und Mittel gegen Bluthochdruck dem Kind oder der schwangeren Mutter verabreicht, zu einer verzögerten Hirnentwicklung und zu späteren Verhaltensstörungen führen können. Swaab führt eine Vielzahl von gängigen Medikamenten auf – bis hin zu Aspirin –, die das Kind (oder den Fötus) zunächst zwar nicht zu schädigen scheinen, aber später, oft erst im Schulalter, zu Störungen im Verhalten führen. Diese Substanzen wirken teilweise – wie Nikotin und Alkohol – direkt auf das Hirn ein, indem sie zum Zelltod führen oder zelluläre Prozesse wie Zellteilung, -wanderung, die Bildung von Dendriten und Synapsen oder den Zellstoffwechsel stören. Andere, wie eben Aspirin, wirken indirekt, indem sie Hirnblutungen begünstigen oder hervorrufen.

Für die Frage nach der Beziehung zwischen

Außenreize, das heißt Umwelteinwirkungen, können das genetische Programm in seiner Entwicklung fördern, aber auch hemmen.

Einige Entwick-
lungsphasen sind an
bestimmte Altersstu-
fen gebunden. Sie las-
sen sich nicht einfach
irgendwann nachho-
len. Das gilt vor allem
für Sprache, Sehen
und Bindungsverhal-
ten.

Anlage und Umwelt bedeutet dies: Das von der Natur vorgesehene genetische Programm wäre zwar ohne Außenreize – für deren Verarbeitung es schließlich gedacht ist – zum Scheitern verurteilt. Andererseits ist es nicht unendlich strapazierbar. Falsche oder schädliche Reize beziehungsweise Umwelteinflüsse führen zu Störungen.

Wie beim Fötus und Neugeborenen spielt auch später die Zeit dabei eine wichtige Rolle. *Welche* Anregung *wann* gegeben wird, oder ausbleibt, ist von entscheidender Bedeutung; denn was von der Natur in einer Entwicklungsphase vorgesehen ist, läßt sich nicht einfach irgendwann nachholen: Sprache zum Beispiel oder räumliches Sehen, oder Bindungsverhalten. Welche Rolle Umwelt für die Entwicklung eines Kindes spielt, zeigen besonders dramatisch die Beispiele der sogenannten »wilden« Kinder. An ihnen, die jeweils aufgefunden wurden, als sie schon der Kleinkindheit entwachsen waren, zeigt sich so kraß, wie wir es in unserem normalen Umfeld sonst kaum beobachten können, wie verheerend und unwiderruflich sich die Versäumnisse, die seelischen und sozialen Mangelsituationen, der ersten Lebenszeit später auswirken. Es handelt sich um Kinder, die in erschütternder Einsamkeit aufgewachsen sind. Man darf nicht annehmen, daß sie alle unter normalen Bedingungen geistig behindert gewesen wären. Viele hätten gar nicht den Existenzkampf, dem sie – teilweise in der Wildnis – ausgesetzt waren, bestehen können, wenn sie nicht von ihren Voraussetzungen, ihren Anlagen, her »normal« gewesen wären.

Einer der neueren Fälle ist der eines amerikanischen Mädchens, das als Genie (ausgesprochen wie Jeany – eigentlich hieß sie Susan W.) in die Fachliteratur eingegangen ist. Das kleine Mädchen wurde im Alter von etwa einem Jahr von seinem Vater in einem Zimmer mit zugezogenen Vorhängen eingesperrt. In einer Art Leibchen, das er ihr selbst genäht hatte, fesselte er sie nackt auf einen Stuhl, in den ein Topf eingelassen war.

In das Zimmer, das die Kleine zwölf Jahre nicht verlassen konnte, drang kaum ein Laut. Die Familienmitglieder durften ihr Milch und Kinderbrei bringen, aber nicht mit ihr sprechen. Der Vater schlug sie mit einem Knüppel, wenn sie selber Geräusche machte. Er und auch Genies älterer Bruder knurrten und bellten sie an wie Hunde.

Aus Angst wagte die Mutter bis 1970 nicht, ihr Kind zu befreien und ihren inzwischen 70jährigen Mann zu verlassen. Als Genie mit 13 Jahren aus ihrem Verlies befreit wurde, hatte sie zwölf Jahre ohne jeden menschlichen Umgang gefesselt vegetiert: Sie entsprach in ihrer Entwicklung einem einjährigen Kind. Konnte weder Stuhl noch Urin beherrschen, aber auch nicht richtig stehen und gehen. Sie konnte ja kaum ihre Arme und Beine strecken. Auch war sie viel zu klein für ihr Alter und wog nur 54 Pfund.

In den folgenden Jahren, in denen sie in Krankenhäusern und später in einer Pflegefamilie von einer Psycholinguistin betreut wurde, lernte sie nur mit Mühe menschliches Sozialverhalten. Am schwierigsten war es, ihr Sprache beizubringen. Nach einigen Monaten konnte sie einige Dinge benennen, aber die bei Kindern nach 20 Monaten einsetzende, rasche Sprachentwicklung über Zweiwortsätze hinaus, blieb bei ihr aus. Ihre Stimme war ungewöhnlich hoch und monoton. Es dauerte lange, bis sie ein wenig ausdrucksvoller wurde.

Die sogenannten »wilden« oder Wolfskinder beschäftigten schon immer die Phantasie der Menschen. Viele solcher Geschichten sind keine Erfindungen. 1974 fand man in Nordindien einen etwa zehnjährigen Jungen in Begleitung dreier Wölfe. Er lief auf allen Vieren, aß nur rohes Fleisch und biß Menschen. Mutter Theresa nahm ihn in ihre Obhut, aber es gelang ihr nicht, ihm viel mehr menschliches Verhalten beizubringen, als sich zu baden und anzuziehen.

Diese, wie viele andere Beispiele[57], auch die von Heimkindern, zeigen, daß ein Mensch mit seinen Anlagen vollkommen alleingelassen, sich nicht entfalten kann, ja, daß er zum Krüppel wird. Er braucht zu seinem geistigen, seelischen und körperlichen Gedeihen den Umgang und sogar die liebevolle Zuwendung anderer Menschen.

Die ersten lebenswichtigen Erlebnisse eines Menschen mit der Umwelt sind die im Mutterleib. Hier bereits, darüber ist sich die Pränatale Psychologie mit medizinischen Disziplinen durchaus einig, erhält das Kind über den mütterlichen Organismus Signale, die sowohl zum körperlichen als auch seelischen Befinden der Mutter eine Beziehung herstellen.[58] Andererseits kann auch ein Kind im Mutterleib schon an vielfältigen Deprivationen leiden. Diese können, ähnlich wie Schadstoffe oder Krankheitskeime, die Entwicklungsvorgänge stören oder hemmen. Auch hier werden die Folgen je nach dem Reifestadium, in dem sich das Kind gerade befindet, ganz unterschiedlich sein.

Niemand zweifelt heute daran, daß die Familie nach der Geburt für einige Jahre das wichtigste Umfeld für ein Kind ist, wo es eine so umfassende, für seine gesamte Entwicklung förderliche Anregung erhalten kann, wie in keiner anderen Einrichtung. Schon Frühgeborene, das zeigen verschiedene Untersuchungen, entwickeln sich besser, wenn sie während ihres Aufenthaltes in der Intensivbetreuung regelmäßig häufig und lange von ihren Eltern besucht und »bemuttert« werden. Die Gegenwart und das Verhalten der Eltern ist für ein Baby eine besonders komplexe Erfahrung und damit wertvoller als alle anderen Formen der Anregung. Lernen ist eine Funktion des gesamten Nervensystems. Die amerikanische Anthropologin Lucile Newman von der Brown University in Providence (Rhode Island) beobachtete zu früh geborene Kinder im Brutkasten. Sie kam zu dem Schluß, daß das isolierte Dasein dieser Babys, denen man bis vor kurzem kaum Erlebnisfähigkeit zugestand, wichtige Folgen für ihre weitere Entwicklung habe. Man könne sich nicht damit trösten, daß dieses Dasein im Brutkasten einfach ungenutzte Zeit –

»time out« – sei. Es zeigte sich nämlich, daß die Frühgeborenen schon fähig waren zu lernen. Eine Meinung, die übrigens auch der Verhaltenspsychobiologe Hanuš Papoušek vertritt. Allerdings, so beschreibt Lucile Newman, war das, was es zu lernen gab, eher negativ, ein Verhalten, das für die Zukunft nicht dienlich sein konnte: Schon in den ersten Tagen reagierten die Kinder mit Schreien, wenn ihnen wehgetan wurde, beispielsweise bei der Blutabnahme. Sie zeigten also nicht nur ausgeprägte Schmerzwahrnehmung, sondern auch die Fähigkeit, ihrer Umwelt ein Signal zu geben. Ihr Schreien war ein erster Schritt zur Kommunikation. Da es jedoch niemand zur Kenntnis nahm, und man ihnen weitere Schmerzen zufügte, hörten sie schon nach einigen Tagen auf zu weinen. Einige verzogen noch eine Weile schmerzvoll das Gesicht. Dann verschwanden auch diese Signale. Ein negativer Lernprozeß war abgelaufen. Natürlich wären diese Kinder auch in der Lage gewesen, positiv zu lernen, zum Beispiel, daß ihre schmerzlichen Appelle beantwortet werden, folglich einen Sinn haben.

Eltern vermitteln ihrem Kind mehr als Lernerfahrungen, sie geben ihnen die Möglichkeit, eine zuverlässige Bindung einzugehen. Es lohnt sich zu fragen, wie diese erste Bindung zustande kommt, die, wie viele annehmen, ein Modell für die späteren Beziehungen eines Menschen ist. Viele haben sich diese Frage gestellt, unter ihnen: Biologen wie Hinde, Tinbergen und Hassenstein, Pädiater wie Klaus, Kenell und Brazelton, Psychologen wie Ainsworth, Main und Bowlby.

Vor allem John Bowlby vermutet, daß es sich bei dem Phänomen Bindung – und da sind wir mitten drin in der Frage nach Anlage und Umwelt – nicht nur um ein im weitesten Sinn »erlerntes«, sondern um ein evolutionär schon vor Jahrmillionen ausgebildetes Instinktverhalten handelt. Das heißt allerdings *nicht*, daß es angeboren ist – im Sinn von unverändert weitergegeben. Die Gegenüberstellung von »angeborenen« und »erworbenen« Merkmalen hat viel Verwir-

Werden Appelle eines Babys selten oder nie angemessen beantwortet, kommt es zu einem negativen Lernprozeß: Das Kind lernt, daß seine Signale sinnlos sind, und stellt sie ein.

rung gestiftet. Sie ist nach den heutigen Erkenntnissen nicht haltbar. Nicht nur das Beispiel der »wilden Kinder«, auch die ganze vorgeburtliche Entwicklung zeigt, wie schon gesagt, daß das Erbmaterial nichts anderes tut, als bestimmte Möglichkeiten anzubieten, die unter dem Einfluß der Umwelt in unterschiedlicher Weise genutzt werden. Da auch in der vorgeburtlichen Entwicklung die Umwelt bereits eine Rolle spielt, bedeutet das: Auch angeborene Merkmale können erworben sein.

Wir sind ebenso wie andere Lebewesen mit einem Verhaltensprogramm ausgestattet, das sich im Laufe der Entwicklungsgeschichte des Menschen als für uns besonders nützlich erwiesen hat. Um zu funktionieren, bedarf es allerdings bestimmter Umweltvoraussetzungen, an die es sich im Laufe der Entwicklungsgeschichte angepaßt hat. Denn obwohl instinktive Verhaltenssysteme flexibel sind, sich also schon auf gewisse unterschiedliche Umweltbedingungen einstellen können, gibt es kein System, das flexibel genug ist, um in jeder Umwelt zu funktionieren.

Nun hat in den letzten Jahrhunderten das Tempo der vom Menschen bewirkten Umweltveränderung das Tempo der Evolution (das heißt die Geschwindigkeit, in der sich natürliche Auslese vollzieht) überflügelt. Wir sind also eigentlich mit unserem instinktiven Verhaltenssystem angepaßt an eine Umwelt, die einige Jahrtausende zurückliegt.

Die Beziehung zwischen Mutter und Kind müßte sich heute eigentlich auf ganz unterschiedliche, sich schnell verändernde, kulturelle, soziale, psychische Verhältnisse einstellen. Aber diese Flexibilität hat sie eben nicht. Ein Baby ist heute noch ebenso wie vor einigen Millionen Jahren biologisch von seiner Mutter abhängig. Es braucht sie, um seine spezifisch menschliche Entwicklung vollenden zu können. Das heißt: Es ist nicht nur auf Nahrung und Schutz vor Gefahren, sondern auch auf das emotionale und soziale Wechselspiel, auf Anregung und Förde-

Nicolaus ist ein Jahr alt geworden. Er begreift bereits, daß sein Geburtstag ein Anlaß zum Feiern ist. Nur seine Eltern können wirklich ermessen, was er in den vorausgegangenen Monaten vom hilflosen Neugeborenen zum verständigen Kleinkind an Aufgaben bewältigen mußte. Was ihn dabei antrieb, waren überwiegend Vergnügen und der jedem gesunden Baby innewohnende Drang, seine Umwelt zu erobern, seine eigenen Fähigkeiten zu erproben und die Menschen, die ihn umgeben, in seinen Bann zu ziehen.

In die Gefühle einer Mutter für ihr Baby fließen ihre eigenen Kindheitserfahrungen ebenso wie das Erlebnis der Schwangerschaft, der Geburt und der Wochen danach mit ein.

rung durch einen Menschen angewiesen, der ihm ausreichend zur Verfügung steht, der über intuitive Fähigkeiten im Umgang mit ihm verfügt und an den es sich binden kann.

Auch die Mutter ist in ihrer Fähigkeit, eine enge Gefühlsbeziehung zu ihrem Kind herzustellen, nicht vollkommen frei: Die Erfahrungen ihrer eigenen Kindheit fließen in ihr Verhalten zu ihrem Baby mit ein. Ihr Erlebnis der Schwangerschaft, der Geburt und der ersten Wochen danach spielen eine Rolle. War die Geburt ein positives, aktives Erlebnis, an dem die Frau bewußt teilhatte? Konnte sie ihr Kind, gleich nachdem es geboren war, in den Arm nehmen, ihm in die Augen sehen, es an die Brust legen, zu ihm sprechen, es streicheln und massieren? Oder wurde ihr das Kind sofort fortgenommen und erst nach einigen Stunden wieder gezeigt? Sicher spielen diese Erfahrungen für den guten Start einer Beziehung eine Rolle, obwohl sie nicht unerläßlich sind.

Das Bindungsverhalten des Paares Mutter (Mutterfigur) und Kind dient ursprünglich und in erster Linie dem Überleben, und das hieß früher mehr noch als heute: dem Schutz vor Gefahren – ursprünglich sicher vor allem vor Raubtieren. Schutz wird dadurch gewährt, daß die gegenseitige Nähe aufrechterhalten wird. Ein Baby kann sich nicht selbst schützen. Seine heutige normale Umwelt ist zwar in unserer Zivilisation nicht gerade bedrohlich, obwohl die Unfallmöglichkeiten zahlreich sind, ein Baby in der Steinzeit dagegen lebte bedeutend gefährlicher. Und für die Entwicklung unseres Gehirns und unserer Verhaltensweisen ist die Zeitspanne von damals bis heute gar nicht lang. Das kleine Schimpansenkind kann sich an seiner Mutter festklammern. Ein Menschenkind dagegen hat diese Fähigkeit nicht, es muß also andere Mittel einsetzen. Wenn ein Neugeborenes schreit oder ein Kleinkind nach der Mama ruft, dann will es diese damit in seine Nähe bringen (*siehe auch Kapitel VII*). Viel seltener, als die meisten Mütter glauben, verlangt es mit solchen Kundgebun-

gen nach Nahrung. Es aktiviert mit diesem Signal das Bindungsverhalten der Mutter. Das Kind läßt nicht zu, daß sie es vergißt. Wie wir in Kapitel III gesehen haben, verfügt es über einen ganzen Fächer von Signalen, die bei den Eltern intuitiv angepaßte und sehr fein abgestimmte Verhaltensweisen hervorrufen.

Die Qualität der Eltern-Kind-Beziehung am Ende des ersten Lebensjahres wird von zwei wesentlichen Komponenten bestimmt: Erstens von der Bereitschaft und Fähigkeit des Kindes, sich sozialen Anregungen gemäß zu orientieren (diese Fähigkeit ist bereits bei Neugeborenen durchaus unterschiedlich; die Mutter ist also keineswegs, wie wir bereits dargelegt haben, für *alles* verantwortlich). Und zweitens von der Bereitschaft der Mutter, auf ihr Kind prompt und angemessen zu reagieren.

Aber es gibt noch einen anderen Faktor, der neben der Ungestörtheit des frühen Kontaktes und der Feinfühligkeit auf das spätere Leben eines Menschen Einfluß hat, vor allem auf seine Bereitschaft, frei und vertrauensvoll Beziehungen zu anderen anzuknüpfen und sich in der Gruppe selbstbewußt zu verhalten: Das ist die Sicherheit der frühen Bindung.

Um herauszufinden, welche Folgen diese Qualität der Beziehung für später hat, haben die Regensburger Psychologen Klaus und Karin Grossmann eine Gruppe von Kleinkindern auf ihr Bindungsverhalten hin untersucht. Sie orientierten sich dabei an der Untersuchung der Amerikanerin Mary Ainsworth, in deren Mittelpunkt die sogenannte »Fremden-Situation« (strange situation) steht.[59] Das Kind wird dabei in einem hübsch eingerichteten, aber fremden Spielzimmer zweimal kurz von Mutter und Vater getrennt. Mary Ainsworth ging davon aus, daß Bindungsverhalten immer dann ausgelöst wird, wenn das Kind das Gefühl hat, in Gefahr zu sein. Und Trennung von der Mutter oder einer anderen wichtigen Bezugsperson in einer ungewohnten Umgebung signalisiert dem Kind Gefahr. Kinder, die als sicher in ihrer Bindung eingeordnet werden, suchen nach der Rückkehr der Mutter sofort engen Körperkontakt, die Mutter nimmt sie in den Arm. Danach wendet sich das Kind zufrieden seinem Spiel zu. Als unsicher gebunden werden Kinder dagegen eingestuft, wenn sie die zurückkommende Mutter nicht ansehen wollen, den Kontakt mit ihr vermeiden, sie ignorieren oder auch, wenn sie sich »ärgerlich ambivalent« verhalten, das heißt sich nicht trösten oder beruhigen lassen. Interessant ist, wie die Psychologen solche Zurückweisungen erklären: Sie seien eine Möglichkeit für das Kind, die Bindung mit den Eltern aufrechtzuerhalten, ohne zu riskieren, daß sie es vielleicht zurückweisen. Solche Kinder fühlen sich in ihrer Eltern-Beziehung nicht sicher.[60]

In der amerikanischen Untersuchung schmiegten sich zwei Drittel der Kinder nach der Rückkehr der Mutter sofort eng an ihren Körper, sie konnten also als sicher gebunden eingestuft werden. Ganz anders und überraschend fiel das Ergebnis der gleichen Untersuchung bei einer Gruppe norddeutscher Kinder aus: Hier reagierten zwei Drittel so, daß sie als unsicher gebunden eingestuft werden müßten. Nur halb so viele Kinder wie in Amerika suchten die körperliche Nähe der Mutter. In einer süddeutschen Vergleichsgruppe wiederum fielen die Ergebnisse ähnlich wie in Amerika aus.

Klaus und Karin Grossmann schließen aus diesem merkwürdigen Ergebnis, daß es auch kulturspezifisches Bindungsverhalten gibt. (Vergleiche auch Bewegungsentwicklung Kapitel V, S. 56.) Deutsche Mütter, vor allem norddeutsche, nehmen ihre Kinder seltener in den Arm, sie zeigen ihre Liebe in einer distanzierteren Art und Weise, sie üben schon während des ersten Lebensjahres mehr Kontrolle über ihre Kinder aus, wünschen frühe Selbständigkeit und Selbstgenügsamkeit. Und der Gehorsam, den sie fordern, hat mehr mit Disziplin zu tun, und nicht, wie bei den amerikanischen Müttern, eher mit »im Einvernehmen handeln«.

Es besteht kaum ein Zweifel daran, daß solche allzu frühen und allzu strengen Forderungen ein Kind in seiner Entfaltung hindern. »Der kindliche Ausdruck von Gesicht, Stimme und Gestik zeigt dabei eine deutliche Verminderung, manchmal sogar den Abbruch der Kommunikation an«, beobachtete Klaus Grossmann.

Alles hier und in den vorangegangenen Kapiteln Zusammengetragene macht unter anderem deutlich: Wenn wir die Entwicklung eines Kindes begreifen wollen, dürfen wir uns nicht so sehr – wie wir es gewohnt sind – auf Normen verlassen, die in bestimmten Altersstufen erreicht werden können. Wir sollten uns dagegen mehr bemühen, das Kind, das wir gerade vor uns haben, in seinen individuellen Möglichkeiten und Bedürfnissen wahrzunehmen und dabei nicht so sehr von unserem erwachsenen Denken und unseren eigenen Bedürfnissen ausgehen. Und schließlich täten wir gut daran, uns öfter zu fragen, ob das, was wir einem Kind bieten, eigentlich geeignet ist, seine Anlagen zu fördern. Eine im weitesten Sinne »gute« Umwelt für ein Kind zu schaffen – das heißt auch, Zeit und Interesse aufzubringen, sich ihm zuzuwenden –, ist kein Luxus, den man sich leisten oder nicht leisten kann. Es ist eine Notwendigkeit.

Allzu frühe und strenge Forderungen nach Selbständigkeit können ein Kind an seiner Entfaltung und auch an seiner Lebensfreude hindern.

Nur 365 Tage sind seit der Geburt des kleinen Nicolaus vergangen, Tage, in denen Weichen für seine weitere Entwicklung gestellt wurden: Er hat gelernt, sich aus der Hilflosigkeit der horizontalen Lage zum Sitzen und Stehen aufzurichten. Seine Sinne haben von Tag zu Tag ein wenig mehr die Welt um ihn herum erkundet, und sein Interesse an ihr ist immer wacher geworden. Dabei haben ihm seine Hände geholfen, die frei und geschickt geworden sind für Spiele und Tätigkeiten, die er bereits den Erwachsenen nachahmt. Er hat seinen eigenen Körper kennengelernt und seine Fähigkeiten bis zu den Grenzen des jeweils Möglichen erprobt. Er hat gelernt, daß er mit Handlungen etwas bewirken

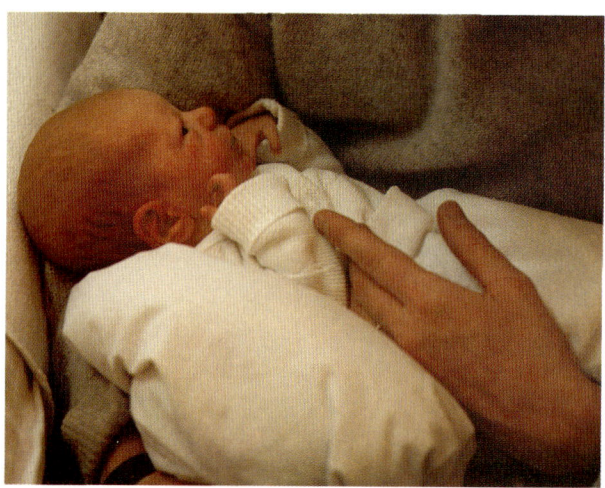
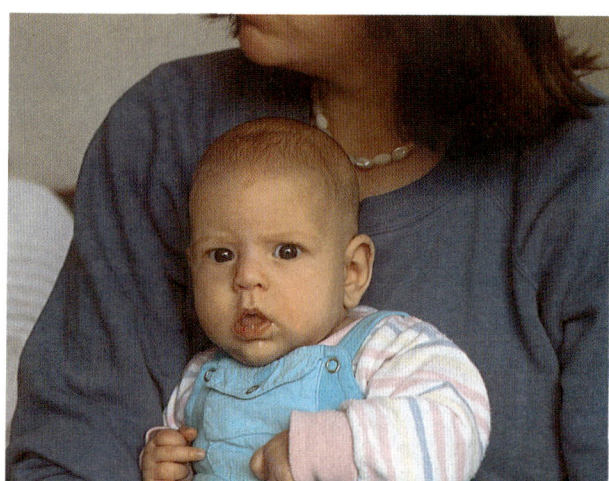

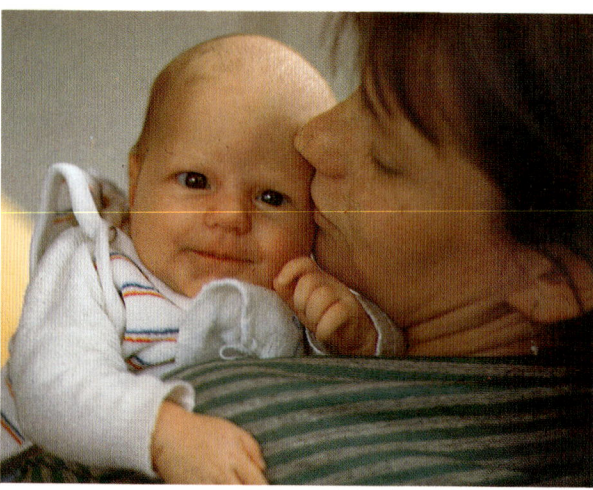

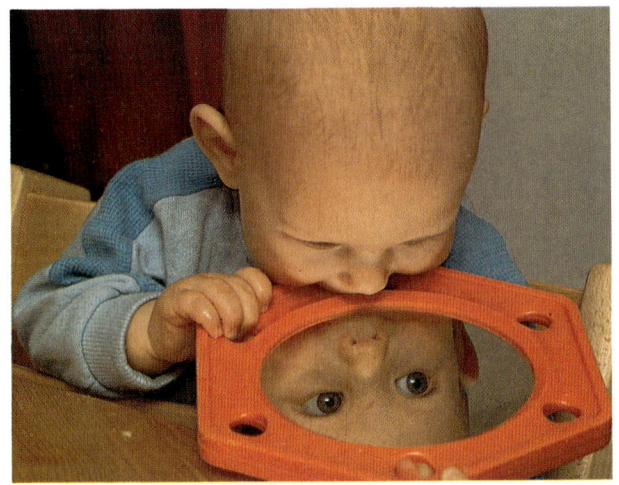

kann, daß er ein eigenständiges Wesen ist. Diese Erfahrung war für ihn zunächst schmerzlich, denn sie ließ ihn erleben, was Trennung ist. Sie gab ihm aber auch die Möglichkeit, seine ersten intensiven Beziehungen zu entwickeln, die Eltern zu motivieren, daß sie sich ihm liebevoll und verläßlich zuwandten. Er lernte, daß sie auch für ihn da waren, wenn er sie nicht sah, und daß sie immer wiederkamen. Er begann zu begreifen, daß er ihr Verhalten beinflussen und vorhersehen konnte. So entfaltete sich sein Vertrauen in sie, aber auch in seine eigenen Fähigkeiten: eine sichere Basis für seinen weiteren Weg. Sie wird ihm vor allem in Zukunft erlauben, neugierig, aktiv und ohne Angst die Welt und die Menschen zu erobern.

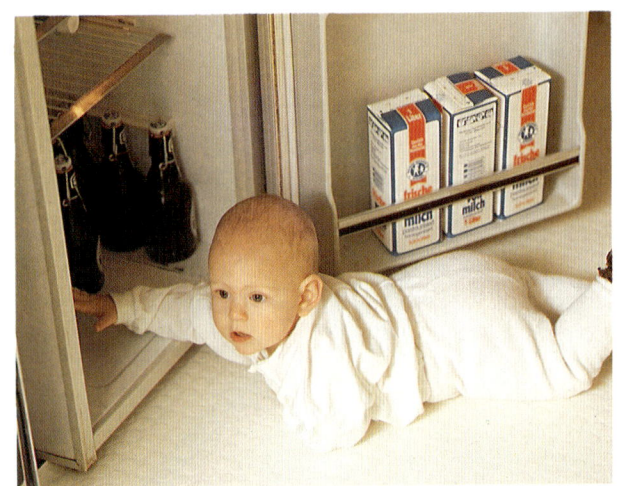

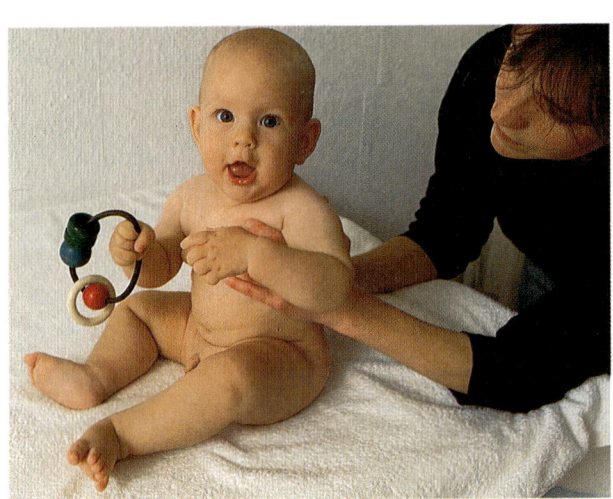

[1] Marie Thirion: *Les compétences du nouveau-né*, Ramsey, Paris, 1986, S. 23

[2] Stephen Jay Gould in: *Discover*, Dezember 1985, S. 56

[3] Marie Thirion: *a.a.O.*, S. 61

[4] In einem Vortrag, 1985, 2. Europäisches Seminar für Entwicklungsneurologie in Hamburg

[5] Niemand sollte jedoch auf die Idee kommen, in eigenem Forscherdrang ein neugeborenes Kind der lebensbedrohenden Gefahr der Unterkühlung auszusetzen!

[6] Anthony J. DeCasper u. Melanie J. Spence: *Prenatal Maternal Speech Influences Newborn's Perception of Speech Sounds*, in: *Infant Behaviour & Development* (im Druck)

[7] Dazu auch: M. C. Busnel, J.-P. Lecanuet, C. Granier-Deferre und A. J. DeCasper: *Perception et acquisition auditives prénatales* für: Société Nationale de Médecine Périnatale, Strasbourg, 1986 und: C. Granier-Deferre, J.-P. Lecanuet, H. Cohen u. M.-C. Busnel: *Feasibility of Prenatal Hearing Test* in: »Acta Otolaryngol«, Stockholm 1985; Suppl. 421: 93–101

[8] Daniel Stern: *The First Relationship – Infant and Mother*, Harvard University Press. Cambridge, Massachussetts, 1980, S. 46 (dt.: *Mutter und Kind. Die erste Beziehung*, Klett-Cotta, Stuttgart 1979

[9] Hanuš Papoušek u. Mechtild Papoušek: *Der Beginn der sozialen Integration nach der Geburt: Krisen oder Kontinuitäten*, Referat zur 80. Tagung der Deutschen Gesellschaft für Kinderheilkunde in Tübingen, September 1954

[10] Hanuš Papoušek u. Mechtild Papoušek: *Qualitative Transitions In Integrative Processes During The First Trimester of Human Postpartum Life*. Proceedings of the First Groningen Study-Group on Developmental Neurology in Quieten, September 1983

[11] Mechtild u. Hanuš Papoušek: *The Naturalistic Vocal Environment of Young Infants: On the Significance of Homogeneity and Variability in Parental Speech*, in: T. M. Field & N. Fox (Hgs.): *Social Perception in Infants*, Norwood, N. J., Ablex 1984

[12] Marie Thirion: *a.a.O.*, S. 159

13 Stanley I. Greenspan u. Nancy Thorndike Greenspan: *First Feelings-Milestones in the Emotional Development of Your Baby and Child*, Viking, New York, 1985, S. 14

14 T. Berry Brazelton: *Infants and Mothers – Differences in Development*, A Merloyd Lawrence Book Delta/Seymour Lawrence Dell Publishing Co., New York, 1983

15 Stanley Greenspan: *a.a.O.*, S. 35–37

16 Daniel Stern: *a.a.O., S. 72*

17 Daniel Stern: *a.a.O., S. 73*

18 Richard Buckle: *Diaghilew*, Busse, Herford, 1984, S. 315 u. 147

19 Richard Buckle: *a.a.O.*, S. 401

20 Richard Buckle: *a.a.O.*, S. 147

21 Der hier geschilderte Verlauf der Bewegungsentwicklung folgt im wesentlichen der Darstellung Inge Flehmigs: *Normale Entwicklung des Säuglings und ihre Abweichungen – Früherkennung und Frühbehandlung*. Georg Thieme Verlag, Stuttgart, 1983

Eine weitere Quelle: Theodor Hellbrügge u. J. Hermann von Wimpffen, (Hgs.): *Die ersten 365 Tage im Leben eines Kindes*, Droemer Knaur, München 1984

22 Inge Flehmig: *a.a.O.*, S. 231.

23 N. Bayley: *Manual for the Bayley Scales of Infant Development*. New York, Psychological Corporation. 1969

24 Inge Flehmig: *a.a.O.*, S. 36, S. 37

25 Linda Smolak: *Infancy*, Prentice Hall, Englewood Cliffs, New Jersey 1986, S. 105

26 Inge Flehmig: *a.a.O.*, S. 10 f.

27 Siehe auch Linda Smolak: *a.a.O.*, S. 96/97

[28] C. von Hofsten: *Developmental changes in the organization of prereaching movement*, in: »Developmental Psychology«, 13, 1984, S. 378–388

[29] Linda Smolak: *a.a.O.*

[30] Nach Burton White: *Experience and the development of motor mechanisms in infancy*, in: K. Connolly (Hg.): *Mechanisms of motor skill development*, London, Academic Press, 1970,

und:
Paul Mc Donnel: *Patterns of eye-hand coordination in the first year of life*, »Canadian Journal of Psychology«, 33, 1979; S. 253–267

[31] Jean Ayres: *Bausteine der kindlichen Entwicklung*, Springer Verlag, Berlin, Heidelberg, New York, Tokyo; 1984, S. 142

[32] Siehe auch A. Jean Ayres: *a.a.O.*, S. 20–30

[33] A. Jean Ayres: *a.a.O.*, S. 24

[34] Linda Smolak: *a.a.O.*, S. 111

[35] Jerome Kagan: *Psychological Research on the human infant: an evaluative summary*. A William T. Grant Foundation Publication, New York, 1982, S. 9–10

[36] E. Spelke u. A. Cortelyou: *Perceptual aspects of social knowing: Looking and listening in infancy*, in: M. Lamb & L. Sherrod (Hgs.): *Infant social cognition*, Hillsdale, N. J., Erlbaum; 1981

[37] Inge Flehmig: *a.a.O.*, S. 158 u. S. 197

[38] A. Jean Ayres: *a.a.O.*, S. 29

[39] A. Jean Ayres: *a.a.O.*, S. 29–30

[40] Dominique Simonnet: *Vivent les bébés!* Seuil, Paris, 1986, S. 209

[41] Jerome Kagan: *a.a.O.*, S. 4

[42] Jerome Kagan: *a.a.O.*, S. 5

[43] Mechtild Papoušek: *Beobachtungen zur Auslösung von Schreiepiso-den im frühen Säuglingsalter*, Verhaltensbiologie des Kindes, Sonderdruck aus »Sozialpädiatrie in Praxis und Klinik 7«, Nr. 2, S. 86–92 (1985)

[44] Mechtild Papoušek: *Psychobiologische Aspekte des Schreiens im frühen Säuglingsalter*, Verhaltensbiologie des Kindes; Sonderdruck aus »Sozialpädiatrie in Praxis und Klinik 6«, Nr. 8, S. 517–526 (1984)

[45] Anne-Sophie Cismaresco: *Étude de l'évolution temporelle de la reconnaissance des pleurs du nouveau-né par sa mère*, Groupe de Recherche sur le nouveau-né, Faculté de Sciences, Besançon, Laboratoire de Psychophysiologie, 1985

[46] Mechtild Papoušek: *a.a.O.*, 1984

[47] Mechtild Papoušek: *a.a.O.*, 1984

[48] Judy F. Rosenblith, Judith E. Sims-Knight: *In the Beginning – Development in the First Two Years*, Brooks/Cole Publishing Company, Monterey, California, 1985, S. 233–235

[49] Mechtild Papoušek: *a.a.O.*, 1984

[50] Mechtild Papoušek: *a.a.O.*, 1984

[51] T. B. Brazelton: *Crying in Infancy.* In Pediatrics 29, S. 579–588, 1962

[52] Mechtild Papoušek: *a.a.O.*, 1985

[53] Beispiel nach Judy F. Rosenblith, Judith E. Sims-Knight: *a.a.O.*, S. 403 f.

[54] Jerome Kagan: *a.a.O.*, S. 13

[55] Rosenblith, Sims-Knight: *a.a.O.*, S. 412

[56] Gilberth Gottlieb: *Conceptions of Prenatal Development: Behavioral Embryologie*, in: »Psychological Review«, Vol. 83, Washington D. C.: American Psychological Association, Inc. 1976

[57] Nach Dieter E. Zimmer: *Kinder der Wildnis*, ZEITmagazin Nr. 38/39, 1985

[58] Siehe auch Katharina Zimmer: *Das Leben vor dem Leben – Die seelische und körperliche Entwicklung im Mutterleib*, Kösel Verlag, München 1984

[59] Klaus und Karin Grossmann: *German Children's Behavior towards Their Mothers at 12 Months and Their Fathers at 18 Months in Ainsworth Strange Situation*, International Journal of Behavioral Development 4, 1981

[60] Die »Strange Situation« wird von einigen Autoren als unrealistisch kritisiert, da sie eine reine Laborsiutation ist – z. B. von Jerome Kagan in: *The Nature of the Child*, S. 59–64

A. Jean Ayres:

Bausteine der kindlichen Entwicklung;
Springer Verlag, Berlin, Heidelberg, New York, Tokyo, 1984

Claudine Amiel-Tison, Albert Grenier:

Neurologic Evaluation of the Newborn and the Infant;
Masson, New York, 1983

T. Berry Brazelton:

Infants and Mothers – Differences in Development;
A Merloyd Lawrence Book, Delta / Seymour Lawrence Dell Publishing Co., New York, 1983

T. Berry Brazelton:

Neonatal Behavioral Assessment Scale;
Verlag Spastics International Medical Publications, London, 1984

M. C. Busnel, J.-P. Lecanuet, C. Granier-Deferre und A. J. DeCasper:

Perception et acquisition auditives prénatales;
für: Société Nationale de Médecine Périnatale, Strasbourg, 1986

Alison Clarke-Stewart, Susan Friedman, Joanne Koch:

Child Development – A Topical Approach;
John Wiley & Sons, New York, 1985

S. Saint-Anne Dargassies:

Le développement neuro-moteur et psycho-affectif du nourrisson;
Masson, Paris 1982

Anthony J. DeCasper u. Melanie J. Spence:

Prenatal Maternal Speech Influences Newborn's Perception of Speech Sounds;
in: Infant Behaviour & Development (im Druck)

Françoise Dolto und andere:

Naître… et ensuite?
(Les cahiers du nouveau-né 1–2); Stock, Paris, 1978

Inge Flehmig:

Normale Entwicklung des Säuglings und ihre Abweichungen – Früherkennung und Frühbehandlung;
Georg Thieme Verlag, Stuttgart, 1983

Inge Flehmig und Leo Stern (Hgs.):

Kindesentwicklung und Lernverhalten – Child development and learning behaviour;
Gustav Fischer Verlag, Stuttgart 1986

Stanley I. Greenspan u. Nancy Thorndike Greenspan:

First Feelings – Milestones in the Emotional Development of Your Baby and Child;
Viking, New York, 1985

Theodor Hellbrügge u. J. Hermann von Wimpffen (Hgs.):

Die ersten 365 Tage im Leben eines Kindes;
Knaur, München, 1984

Etienne Herbinet und Marie-Claire Busnel:

L'aube des sens;
(Les cahiers du nouveau-né 5); Stock, Paris, 1981

Etienne Herbinet und andere:

D'amour et de lait...;
(Les cahiers du nouveau-né 3); Stock, Paris, 1980

Jerome Kagan:

Psychological Research of the human infant: an evaluative summary;
A. William T. Grant Foundation Publication, New York, 1982

Jerome Kagan:

The Nature of the Child;
Basic Books Inc. Publishers, New York, 1984

Jerome Kagan, Richard B. Kearley, Philip R. Zelazo:

Infancy – Its Place in Human Development;
Harvard University Press, Cambridge, Massachusetts, 1980

Keith L. Moore:

Embryologie;
F. K. Schattauer Verlag, Stuttgart, 1980

Judy F. Rosenblith, Judith E. Sims-Knight:

In the Beginning – Development in the First Two Years;
Brooks / Cole Publishing Company, Monterey, California, 1985

Mechthild Papoušek:

Beobachtungen zur Auslösung von Schreiepisoden;
Sonderdruck aus »Sozialpädiatrie in Praxis und Klinik« 7, Nr. 2, 1985

Mechthild Papoušek:

Psychobiologische Aspekte des Schreiens im frühen Säuglingsalter;
Verhaltensbiologie des Kindes, Sonderdruck aus »Sozialpädiatrie in Praxis und Klinik« 6, Nr. 9, 1984

Dominique Simonnet: *Vivent les bébés;*
Seuil, Paris, 1986

Linda Smolak: *Infancy;*
Prentice Hall, Englewood Cliffs, New Jersey, 1986

E. Spelke u. A. Cortelyou: *Perceptual aspects of social knowing: Looking and listening in infancy;*
in M. Lamb u. L. Sherrod (Hgs.): »Infant social cognition«; Hillsdale, N.J., Erlbaum, 1981

Jürgen Steidinger, Klaus J. Uthicke: *Frühgeborene – Babys, die nicht warten können;*
Mosaik-Verlag, München, 1985

Daniel Stern: *The First Relationship – Infant and Mother;*
Harvard University Press, Cambridge, Massachusetts, 1980 (Dt.: Mutter und Kind. Die erste Beziehung; Klett-Cotta, Stuttgart, 1979)

Marie Thirion: *Les compétences du nouveau-né;*
Ramsay, Paris, 1986

Annie Vinter: *L'imitation chez le nouveau-né;*
Verlag Delachaux & Niestlé, Neuchâtel, Paris, 1985

Bildnachweis

Christoph Guhr: (Titel, Seite 20, 25, 26, 28, 34, 37, 39, 55, 57, 58, 60, 67, 70, 74, 75, 79, 86, 90, 91, 98, 102, 103)
David Reed: (Seite 46, 47) – Maria Biller: (Titelrückseite)

Illustrationen Ute Osterwalder: (Seite 10, 30) – Dierk Arnold: (Seite 14)

Mit dem vorliegenden Buch »Das wichtigste Jahr« knüpft die Autorin an die im Band »Das Leben vor dem Leben« in Text und Bild zusammengetragenen neuen wissenschaftlichen Erkenntnisse über die Entfaltung des Kindes im Mutterleib an. Bereits vor der Geburt, so zeigt Katharina Zimmer auf, gibt es eine seelische Entwicklung, ist der Fötus schon in der Lage, seine Umwelt wahrzunehmen, gibt es eine Beziehung zwischen ihm und seiner Mutter. Die Verfasserin kommt aufgrund der jüngsten wissenschaftlichen Forschung zu dem Fazit, daß wir unser Verständnis für das Ungeborene revidieren müssen, daß wir die körperliche und seelische Entwicklung des Kindes im Mutterleib ebenso wie nach der Geburt als eine Einheit begreifen müssen und daß wir den Fötus als fühlenden, erfahrungsammelnden und liebebedürftigen Menschen ernst nehmen sollten. »Das Leben vor dem Leben« ist wie auch das vorliegende Buch über das erste Lebensjahr Teil eines in drei Bänden geplanten Atlas über die Entwicklung des Kindes: Ein Buch für Eltern, Ärzte, Psychologen, Therapeuten, Säuglingsschwestern, Beratungsstellen und Schulen.

»... Ich kenne keine Veröffentlichung, die die bisherigen Erkenntnisse zu diesem Fragenbereich in einer so gründlichen und umfassenden Weise ausgearbeitet hätte... Ihr Buch ist sicher sehr geeignet für alle, denen das Wohl des Kindes eine Verpflichtung ist... ein Buch, das einfach geschrieben werden mußte. Ich bin Ihnen sehr dankbar dafür und spreche Ihnen meine Anerkennung dafür aus. Wo immer ich es kann, werde ich dieses Buch weiterempfehlen.«

Prof. Dr. Walter Bärsch
Präsident des Deutschen Kinderschutzbundes e.V.